AF226746

LES
MINES DE L'OUENZA

La Défense Nationale et Bizerte.

LA DÉFENSE NATIONALE

ET

BIZERTE

PAR

M. le Lieut.-Colonel ESPITALLIER

Membre de l'*Union de défense des Intérêts bizertins*.

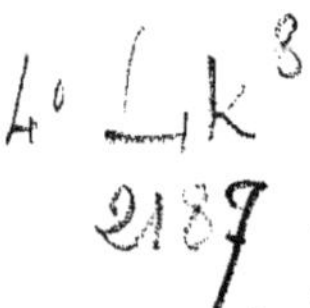

AVANT-PROPOS

On n'a pas oublié l'ampleur exceptionnelle qu'ont pris les débats qui se sont déroulés devant le Parlement dans la précédente législature, sur cette question si importante de l'Ouenza. Au moment où elle va être soumise à nouveau à la Chambre actuelle qui, nous l'espérons, la solutionnera dans le sens le plus profitable aux intérêts et à la grandeur de notre pays, il nous a paru utile d'exposer dans cette brochure les idées qui ont été émises tant au point de vue de l'exploitation, du transport et de l'embarquement des minerais de fer de l'Ouenza, que de la constitution des dépôts de charbon destinés à assurer au port de Bizerte, la vitalité indispensable à notre défense nationale.

Le projet de loi de l'Ouenza, ne tenant pas compte des modifications étudiées sous le Ministère Clemenceau, en vue de donner satisfaction à la défense nationale, il serait désirable que le Parlement voulût bien s'inspirer du rapport très intéressant que M. Picard, ancien Ministre de la Marine, a fait à son successeur, M. l'Amiral Boué de Lapeyrère, sur la nécessité de développer le port de commerce de Bizerte afin d'en faire un véritable adjuvant du port de guerre, pour lequel le Gouvernement français a déjà dépensé environ 150 millions de francs.

Dans un ouvrage fort remarquable paru récemment, M. l'Amiral Fournier, qui a rempli de hautes fonctions dans notre Marine, notamment en recueillant la lourde succession de l'amiral Gervais, dit :

« Si la flotte allemande, lorsqu'elle aura atteint son développement, pouvait disposer de nos ports de la Manche et de la mer du Nord, la puissance britannique aurait tout à craindre d'elle. On ne l'ignore pas à Londres où les résolutions sont prises en conséquence. Actuellement, l'Allemagne se fait préparer par l'Autriche, dans l'Adriatique, la base navale que l'insuffisance de l'arsenal de Pola, pour les besoins de sa concentration, rendait nécessaire en cas de guerre, surtout en prévision de la neutralité de l'Italie .»

Ces dispositions prises par l'Allemagne dans l'Adriatique font ressortir la valeur stratégique de notre point d'appui de Bizerte et la nécessité pour nous de le développer, afin de le mettre à même de remplir le rôle important que l'avenir lui réserve.

Nombreux sont les amiraux qui partagent cette opinion.

Rappelons-nous qu'au moment des incidents de Fachoda, Bizerte n'avait que quelques jours de vivres et un stock de charbon tout à fait insignifiant ; n'oublions pas que l'Autriche a sur chantiers 4 Dreadnought et projette d'en construire 3 nouveaux, que l'Italie va en construire 8 et créer de nouveaux points d'appui, et que, pour répondre à ces armements formidables, notre Parlement vient de voter l'amorce d'un grand programme naval comportant des unités de 24 300 tonneaux.

Le développement de la Marine de guerre, suivant de près celui de la Marine marchande dans le monde entier, maintiendra dans l'avenir la nécessité d'agrandir et de développer les ports militaires, les points d'appui devant servir de refuges à l'abri desquels les équipages pourront réparer leurs forces et où les unités navales pourront être remises en état et se réapprovisionner.

Les considérations qui précèdent nous ont amené à penser que le moment était venu de mettre au point la question de l'Ouenza, en démontrant que si nous ne profitons pas de l'occasion qu'elle nous offre de développer ce magnifique point d'appui de Bizerte, il faut renoncer à jamais à lui voir jouer le rôle prédominant que lui assure sa situation exceptionnelle dans le bassin de la Méditerranée.

Le Gouvernement français et le Parlement ont seuls pouvoir d'intervenir dans cette question, puisque le port et l'arsenal de Bizerte sont l'œuvre de la France, bien que le Gouvernement tunisien y ait collaboré avec un dévouement inlassable et au moyen de subventions qu'il a fournies, guidé par un sentiment patriotique qu'on ne saurait trop louer ; quant à l'Algérie, elle n'a aucun intérêt direct en Tunisie.

Dès avril 1902, au moment du vote par la Chambre et le Sénat de la loi autorisant la Tunisie à contracter un emprunt de 75 millions de francs pour construire les chemins de fer destinés à mettre en valeur les richesses de son sous-sol, M. Boudenoot et de nombreux Députés et Sénateurs demandèrent, que, dans l'intérêt supérieur de la défense nationale, l'exportation des phosphates de Kalaat-es-Senam fut réservée au port de Bizerte. Le bien fondé de cette demande fut reconnu par le Parlement, mais il estima qu'il était préférable d'exporter les phosphates par Tunis, car à Bizerte, on réservait les minerais de l'Ouenza qui constituaient un trafic autrement plus important et approprié à ce port. Ce n'est que devant cette promesse formelle que les adversaires du chemin de fer Kaalat-es-Senam s'inclinèrent.

Aujourd'hui cette promesse arrive à échéance et le Parlement ne peut pas, à notre avis, laisser solutionner cette question, sans tenir compte des intérêts futurs de la défense nationale qui exigent qu'une partie tout au moins des minerais de l'Ouenza soit réservée au port de Bizerte, comme fret de retour des navires qui viendront y apporter les charbons; à cette condition seule des dépôts de charbon importants constamment renouvelés pourront être constitués à Bizerte et les navires s'empresseront d'y relâcher dès que nous aurons fait le nécessaire pour les attirer par le développement du trafic du port dans des conditions économiques.

Bizerte sans fret de retour important en minerais de fer, c'est Bizerte sans charbon; or, Bizerte sans charbon est, suivant une expression énergique et souvent répétée, une batterie d'artillerie sans munitions.

Nous examinerons donc, dans cette brochure, les différentes solutions envisagées pour résoudre cette importante question de l'Ouenza; nous les discuterons conciencieusement et nous exposerons nos desiderata, en indiquant la solution qui nous paraît devoir donner satisfaction dans la mesure du possible à toutes les parties intéressées, tout en sauvegardant les intérêts sacrés de la Défense Nationale.

PREMIÈRE PARTIE

LA QUESTION DE L'OUENZA

CHAPITRE PREMIER

Le Djebel-Ouenza. — Historique de la concession de la Mine et de l'amodiation de la minière.

Il existe en Algérie, à l'Est du département de Constantine, à une dizaine de kilomètres de la frontière tunisienne et à 100 kilomètres à vol d'oiseau de Bône, un bloc montagneux immense et compact de minerais de fer non phosphoreux, auquel se trouve mélangé du cuivre ainsi qu'un peu d'argent.

Le pic principal de cette véritable montagne de fer, que l'on désigne sous! e nom de « Djebel-Ouenza » et qui s'élève à 1 272 mètres au-dessus du niveau de la mer, est accessible par une route partant de Clairefontaine, sur la ligne de Bône, à Souk-Ahras et Tébessa.

C'est M. Watterlé, Alsacien-Lorrain, émigré à Souk-Ahras après la guerre de 1870 et devenu prospecteur de mines, qui, en fouillant les travaux exécutés par les Romains pour l'extraction du cuivre, a découvert les mines de fer du Djebel-Ouenza, dans la forêt domaniale des Ouled Sidi Yahia Taleb (commune mixte de Morsott).

Grâce à lui, M. Rigoutier et Mme Cassard obtinrent, en 1896, un permis de recherches des mines du Djebel-Ouenza qu'ils vendirent l'année suivante à MM. Dargent et Pascal.

M. Dargent ayant renoncé aux recherches de mines, M. Pascal resta seul propriétaire de ce permis de recherches, et en février 1899, il demanda au Gouvernement général de l'Algérie la concession des mines de fer, cuivre, plomb, zinc et métaux connexes, d'une étendue de 3 079 hectares sur la commune de Morsott; cette concession lui fut accordée par un décret en date du 20 mai 1901.

M. Pascal transféra tous ses droits à la Société concessionnaire des Mines de l'Ouenza, qui fut constituée le 18 juin 1903 avec, entre autres administrateurs : MM. Portalis, Pascal et Verane.

L'article 3 du décret du 20 mai 1901 concédant à M. Pascal les mines de fer et métaux connexes sur une partie seulement du canton du Djebel-Ouenza, réservait la propriété de la minière, c'est-à-dire du minerai exploitable à ciel ouvert, aux propriétaires du sol.

*
* *

En 1902, M. Carbonel, ingénieur du Creusot, reconnut, au cours des reconnaissances qu'il fit dans cette région, la richesse considérable de la minière de l'Ouenza, par rapport à celle de la mine et parvint à constituer un Consortium international d'usines métallurgiques sous le nom de Société d'Études de l'Ouenza.

Cette Société demanda l'autorisation d'explorer les minerais de fer sur lesquels pouvait se former une minière dans les terrains domaniaux de l'Ouenza.

Cette autorisation lui fut accordée par arrêté du Préfet de Constantine en date du 7 juillet 1902.

Les travaux d'exploration donnèrent de si bons résultats que le 31 mars 1903, deux contrats à option furent signés entre le Gouvernement général de l'Algérie et la Société d'Études de l'Ouenza pour l'amodiation des minières sur 6 569 hectares, c'est-à-dire sur tout le canton du Djebel-Ouenza, pour la concession de divers emplacements au port de Bône et celle d'un chemin de fer d'intérêt général de l'Ouenza à Bône.

Les Délégations Algériennes ayant donné un avis favorable à ces deux contrats à option, le Gouvernement général de l'Algérie signa, les 26 juin et 12 juillet 1905, avec la Société d'Études de l'Ouenza, trois conventions, l'une relative à l'amodiation des minières se trouvant dans l'ensemble du canton du Djebel-Ouenza, les deux autres relatives à la concession du chemin de fer de l'Ouenza à Bône par Bou-Hadjar et de divers emplacements dans le port de Bône ;

Un projet de loi portant approbation de ces diverses conventions et contresigné par les ministres des Finances, de l'Agriculture, des Travaux publics et de l'Intérieur, fut déposé le 12 juillet 1905, sur le bureau de la Chambre des députés et renvoyé le même jour à la commission des Travaux publics.

Cette commission informa, le 11 décembre 1905, le ministre des Travaux publics que l'amodiation de la minière ne comportait pas l'intervention du Parlement et qu'une loi n'était nécessaire que pour la concession de divers emplacements dans le port de Bône et pour celle du chemin de fer de l'Ouenza-Bône ; elle faisait observer que cette dernière concession ne pourrait être donnée qu'après que la question d'amodiation des minières serait résolue ; or, celles comprises dans les terrains déjà concédés en 1901 à la Société concessionnaire des mines de l'Ouenza, étaient l'objet d'un litige dont les tribunaux étaient saisis.

Le 9 avril 1908, une convention intervint entre la Société Portalis et la Société Carbonel pour mettre fin au litige existant entre ces deux sociétés en ce qui concernait l'existence et le droit à l'exploitation des minières, ce qui permit d'assurer par une Société unique l'exploitation de la mine et de la minière.

D'après cet arrangement, la Société des Mines de l'Ouenza (Société Portalis) a pris l'engagement d'amodier à la Société sidérurgique à créer par la Société d'Études des mines de l'Ouenza, la mine de fer, cuivre et métaux connexes, concédée, par décret du 20 mai 1901, et cela pour une durée de soixante années égale à celle de l'amodiation de la minière.

En outre, afin d'éviter les difficultés que présentait la délimitation de la mine et de la minière, les deux sociétés ont résolu de considérer le minerai de mine et le minerai de minière comme entrant forfaitairement dans la production totale : le premier pour un dixième, le second pour neuf dixièmes, ce forfait ne devant modifier en aucune sorte les redevances minima que la Société Carbonnel s'est engagée à verser à l'Algérie pour l'amodiation des minières. Comme compensation, la Société des Mines de l'Ouenza reçut divers avantages, notamment le droit de souscrire un million et demi sur les six millions de francs du capital-action de la Société sidérurgique et une part du minerai extrait chaque année.

Cette extraction est évaluée à un million et demi de tonnes qui doivent être réparties comme suit : 1 080 000 tonnes à la Société d'Études de l'Ouenza, soit 120 000 tonnes à chacun des neuf établissements métallurgiques qui constituent le Consortium International, 300 000 tonnes à la Société concessionnaire des Mines de l'Ouenza et 120 000 tonnes réservées aux usines françaises ne faisant pas partie du consortium et qui demanderaient à bénéficier de cette disposition avant la constitution de la Société sidérurgique d'exploitation.

Si l'extraction est inférieure à 1 500 000 tonnes par an, la part de chacun sera réduite proportionnellement, mais si au contraire, l'extraction est supérieure à 1 500 000 tonnes, le surplus est réparti jusqu'à concurrence de 30 0/0 à la Société d'Études de l'Ouenza, 10 0/0 à la Société concessionnaire des mines de l'Ouenza, et 60 0/0 seront offerts à la consommation générale aux prix des cours.

Le lendemain de la signature de la convention précitée, c'est-à-dire le 10 avril 1908, le Gouvernement français, en conformité de l'avis du Conseil d'État, a pris un décret approuvant les conventions passées entre le Gouvernement général de l'Algérie et la Société d'Études de l'Ouenza, cédant à bail pour soixante années, à ladite Société, la jouissance du canton du Djebel-Ouenza, de la forêt domaniale des Ouled Sidi Yahia ben Thaleb, avec faculté d'exploiter les minières qui s'y trouvent. Mais l'article 3 de ce décret ne le rend exécutoire que lorsque la Société d'Études de l'Ouenza aura obtenu la concession du chemin de fer de Ouenza-Bône et les emplacements sollicités par elle dans ce port.

L'accord intervenu entre la Société de la mine et celle de la minière, ainsi que le décret du 10 avril 1908 ayant levé toutes les objections présentées en 1905 par la Commission des Travaux publics, le Gouvernement déposa sur le bureau de la Chambre le projet de loi du 30 mai 1908 ayant pour objet d'approuver les conventions passées entre le Gouverneur général de l'Algérie et la Société d'Études de l'Ouenza pour la concession du chemin de fer de Bône au Djebel-Ouenza, avec prolongement éventuel sur le Bou-Kadra, et la concession de divers emplacements dans le port de Bône, et déclarant d'utilité publique, à titre d'intérêt général, le chemin de fer susvisé.

Le projet de loi du 30 mai 1908 a donné lieu dans la presse à des critiques nombreuses et à de vives protestations; l'opinion publique s'est également émue de voir concéder à un consortium de métallurgistes étrangers, non seulement un gisement de minerais de fer dont la qualité peut rivaliser avec les meilleurs minerais connus et dont la puissance reconnue dès à présent est de 40 millions de tonnes, mais aussi un chemin de fer stratégique en territoire français, sur lequel ce consortium international aurait de fait une maîtrise absolue; en outre, l'achèvement des travaux du port et de l'arsenal militaires de Bizerte a attiré l'attention sur la nécessité de développer le port de commerce de cette ville, afin qu'il puisse concourir d'une manière efficace à l'utilisation de l'œuvre grandiose accomplie par notre marine nationale.

De son côté, le Parlement a toujours manifesté une répulsion instinctive pour la question de l'Ouenza telle qu'elle lui était soumise et, à diverses reprises, il a ajourné sa décision.

Aussi lorsque au début de l'année 1909, le projet de loi du 30 mai 1908 fut réinscrit à l'ordre du jour de la Chambre, les critiques furent si vives et si justifiées, que le Gouvernement, après avoir étudié à nouveau cette affaire de l'Ouenza, communiqua à l'issue du conseil de cabinet, tenu le 8 mars 1909, sous la présidence de M. Clémenceau, la note suivante à la presse :

« Les Ministres se sont occupés des modifications à apporter au projet relatif aux mines de l'Ouenza et ont entendu à ce sujet M. le Gouverneur général de l'Algérie et M. Alapetite, résident général de France à Tunis.

» Le Conseil a décidé de maintenir le projet primitif relatif à la création d'une ligne ferrée Ouenza-Bône, mais en le complétant par la construction d'un tronçon raccordant l'Ouenza à Bou-Kadra, et d'un raccordement de l'Ouenza à Nebeur.

» Les mines de l'Ouenza auraient ainsi la faculté d'expédier leurs minerais, soit par la voie de Bône, soit par celle de Bizerte.

» Les mines du Bou-Kadra devraient au contraire expédier obligatoirement leurs minerais par Bizerte.

» Il a été d'autre part entendu que les lignes à construire seraient à voie large.

» Le Gouvernement va informer de ces modifications la Commission parlementaire saisie du premier projet. »

Cette transaction due à l'initiative de M. Clemenceau, d'accord en cela avec M. Picard, ministre de la Marine, et M. Alapetite, résident général à Tunis, avait reçu l'assentiment de M. Jonnart, gouverneur général de l'Algérie, en raison de l'intérêt qu'elle présentait au point de vue de la défense nationale et bien qu'il eût reçu des Délégations Algériennes le mandat impératif de maintenir en son entier le projet primitif Ouenza-Bône direct.

Tout en respectant dans la mesure du possible les intérêts de l'Algérie et de Bône, la modification proposée par le Gouvernement au projet de loi du 30 mai 1908 donnait satisfaction aux légitimes considérations de défense nationale qui avaient été invoquées par M. Picard, ministre de la Marine, et mettait fin au dualisme regrettable qui divise l'Algérie et la Tunisie, en jetant les bases d'un accord pour l'unification des réseaux algérien et tunisien dont l'intérêt est aussi grand au point de vue stratégique qu'au point de vue commercial.

Malgré cette modification importante qui fait le plus grand honneur aux sentiments patriotiques de ceux qui l'ont conçue, le projet de loi du 30 mai 1908 ne fut pas retiré ; le débat seul en fut ajourné afin de permettre, dans l'intérêt de la défense nationale, d'étudier un nouveau tracé de chemin de fer donnant la possibilité d'évacuer les minerais de fer de l'Ouenza et du Bou-Kadra, par les ports de Bône et de Bizerte.

Un nouveau projet de chemin de fer fut donc établi par la Société du Consortium pour donner satisfaction à la demande du Gouvernement et déposé le 22 mars 1909 à la sous-préfecture de Bône pour être soumis à l'enquête.

Le nouveau tracé comportait une longueur totale (Bône-Ouenza-Morsott) de 283 kilomètres, dont 141 kilomètres en Algérie et 142 kilomètres en Tunisie ; à 147 kilomètres de Bône, une voie de raccordement, partant de la station de Sidi-Amor et traversant l'Oued-Mellègue, mettait en communication la ligne de Bône à l'Ouenza avec celle de Nébeur à Bizerte.

Mais ce projet a soulevé une très vive opposition, tant de la part des Assemblées locales que des Délégations Financières, qui réclamèrent avec énergie le maintien du tracé primitif du chemin de fer à voie étroite et unique Ouenza-Bône direct, sans aucun emprunt du territoire tunisien, n'admettant pas que les minerais de fer de l'Ouenza et du Bou-Kadra puissent avoir la possibilité de sortir par un autre port que celui de Bône ; cependant, dans leur séance du 10 juin 1909, les Délégations Financières ont adopté à l'unanimité la résolution suivante :

« L'Algérie est prête à organiser, en ce qui la concerne, à l'aide de ses Compagnies de chemin de fer voisines de la Tunisie, un stock de charbon qui sera constamment renouvelé, pouvant être dirigé sur Bizerte au premier signal (50 000 tonnes) ».

Cette conception triompha avec le ministère Briand qui succéda au ministère Clemenceau, et le projet de loi du 30 mai 1908 revint en débat devant la Chambre le 10 janvier 1910, sans tenir compte de la modification proposée au tracé Ouenza-Bône direct.

Dans cette séance et dans les nombreuses qui suivirent en février et mars, M. Jonnart, gouverneur général de l'Algérie, soutint ce projet de loi avec un talent remarquable et digne d'une meilleure cause ; mais, malgré l'appui des Représentants de l'Algérie, qui prirent également une part très active et très brillante à la discussion générale, le projet de loi du 30 mai 1908 fut combattu par un grand nombre de parlementaires pour des raisons très différentes ; les orateurs présentèrent diverses objections qu'ils développèrent avec une telle autorité que des modifications très importantes et très heureuses pour l'Algérie furent encore obtenues du Consortium International.

De ces débats mémorables, dont la Chambre actuelle devra s'inspirer avant de prendre une décision sur cette question, dans laquelle de si graves intérêts sont en jeu, il se dégage nettement cette impression, que l'opinion des Parlementaires est très divisée : les uns sont partisans du projet de loi du 30 mai 1908 tel quel ; d'autres préfèrent la nationalisation des mines de l'Ouenza et leur exploitation par l'Algérie, d'autres enfin, tout en approuvant le projet dans son ensemble, estiment qu'une partie des minerais de l'Ouenza et du Bou-Kadra doit être réservée au port de Bizerte, afin de développer ce port dans l'intérêt même de la défense nationale.

La clôture générale de la discussion, bien qu'elle ait été prononcée à la Chambre par cent soixante-neuf voix contre cent trente-neuf, dans sa séance du 25 mars 1910, ne fut pas suivie du vote du projet de loi du 30 mai 1908, car M. Briand, président du Conseil, d'accord en cela avec les représentants de l'Algérie, obtint de la Chambre qu'elle laissât à la présente législature le soin de trancher cette grave question de l'Ouenza.

CHAPITRE II

Amodiation du canton du Djebel-Ouenza et exploitation de la minière.

La convention intervenue les 26 juin-12 juillet 1905 entre le Gouvernement général de l'Algérie et la Société du Consortium International pour l'amodiation du canton du Djebel-Ouenza, avec faculté d'exploiter les minières qui s'y trouvent, ayant été approuvée par le décret du 10 avril 1908, n'est donc pas soumise à la ratification du Parlement.

En faut-il conclure qu'elle échappe à son contrôle et qu'il lui est impossible d'y apporter les modifications que son patriotisme éclairé et sa connaissance des affaires économiques et financières pourraient lui suggérer? Non, car le décret précité ne deviendra exécutoire que lorsque la Société du Consortium International aura obtenu du Parlement le vote du chemin de fer Ouenza-Bône et des emplacements dans le port de Bône, faisant l'objet du projet de loi du 30 mai 1908, et parce qu'en outre la convention complémentaire intervenue le 29 janvier 1906, entre le Gouvernement général de l'Algérie et la Société du Consortium, stipule dans son article premier :

« Si, dans un délai de cinq ans à compter de l'approbation de la présente convention, la Société d'Études de l'Ouenza n'a pas obtenu la concession du chemin de fer de Bône au Djebel-Ouenza, le bail du canton Djebel-Ouenza, comprenant le droit d'exploiter les minières que renferme ce canton, sera résilié de plein droit ».

Le Parlement peut donc apporter à l'amodiation de la minière au Consortium International toutes les modifications qu'il jugera utile, puisqu'en ne votant pas le projet de loi du 30 mai 1908 avant le 29 janvier 1911, il annule *ipso facto* cette amodiation.

*
* *

Par la convention des 26 juin-12 juillet 1905, l'État cède à bail, pour une durée de soixante années à la Société du Consortium, la jouissance du canton du Djebel-Ouenza de la forêt domaniale des Ouled Sidi Yahia ben Thaleb, c'est-à-dire 6 569 hectares avec la faculté d'exploiter les minières qui s'y trouvent; cette location comprend en outre le droit de chasse, le produit des carrières de toute nature ouvertes ou à ouvrir sous réserve du droit des tiers, l'exploitation des bois et des menus produits, cette dernière devant faire l'objet d'un règlement spécial qui fixera également les tarifs des redevances à verser à l'État.

Tels sont les avantages concédés à la Société d'Études de l'Ouenza, qui est constituée par les neuf maisons suivantes :

Le Creusot;
Fried. Krupp, à Essen (Prusse);
Shalker Gruben und Hütten-Vereinactiongesselschaft, à Gesenkirchen (Prusse);
Geverkschaft Deutscher Kaiser, à Bruckhausen (Prusse);
Cammel and C° Limited, à Sheffield (Angleterre);
M. A. D. Law, à Glasgow (Écosse);
Guest-Keen and C⁰ Limited, à Londres;
Consett Iron Company Limited, à Blah-Hill (Angleterre);
John Cocherill, à Seraing (Belgique).

Aussi au cours des derniers débats, plusieurs parlementaires, parmi lesquels MM. Jaurès, Bedouce, Zévaès, Bouveri, Marcel Sembat, etc., opposés en principe à toutes concessions, ont combattu très vivement l'amodiation de la minière de l'Ouenza à ce Consortium International d'usines métallurgiques; ces orateurs ont préconisé, afin de sauvegarder les intérêts sociaux, de nationaliser cette minière et d'attendre la revision de la loi du 21 avril 1810 sur le régime général des mines, faisant l'objet du projet de loi du 17 novembre 1908, déposé par MM. Louis Barthou, ministre des Travaux publics, J. Caillaux, ministre des Finances et Viviani, ministre du Travail, et renvoyé à la Commission des Mines.

Nous estimons qu'un essai de nationalisation des minières ne doit être fait qu'avec la plus grande prudence, et si toutes les chances de réussite sont mathématiquement et solidement établies; il ne serait pas équitable, d'autre part, d'imposer à l'Algérie cette tentative, qui constituerait pour elle une expérience grosse d'aléas et de conséquences, alors qu'aux termes de la convention des 26 juin-12 juillet 1906, le Consortium International doit lui payer par tonne de minerai de fer expédié hors du canton du Djebel-Ouenza, une redevance de 75 centimes, jusqu'à concurrence de 600 000 tonnes par an, réduite à 50 centimes pour les 400 000 tonnes suivantes et à 40 centimes au delà de 1 million de tonnes.

Bien que nous trouvions cette redevance trop faible, nous estimons qu'elle est encore préférable pour l'Algérie, aux risques et aléas que présenterait une exploitation directe par l'État.

Quelle sera donc l'importance de la redevance minimum que recevra chaque année l'Algérie?

A ce sujet, les contrats prévoient que jusqu'au 1ᵉʳ janvier de la deuxième année, qui suivra celle où le chemin de fer à voie étroite Ouenza-Bône direct aura été ouvert à l'exploitation, la redevance correspondra aux quantités de minerais réellement expédiées ; à partir de cette date, elle devra atteindre au minimum 150 000 francs pour la première année, 300 000 francs pour la seconde année, 450 000 francs pour la troisième année et 650 000 francs pour chacune des années suivantes ; cependant cette redevance minima sera réduite à 112 500 francs correspondant à une expédition de 150 000 tonnes par an, lorsque l'Algérie aura encaissé un total de redevances de 15 millions de francs.

Or, d'après les débats contradictoires qui ont eu lieu devant le Parlement, il est permis de se baser sur une exportation annuelle de deux millions de tonnes de minerai de fer, qui donnera à l'Algérie comme recettes :

600 000 tonnes à 75 centimes.	. . . .	Fr.	450 000	»
400 000 — 50 centimes.	. . . .		200 000	»
1 000 000 — 40 centimes.	. . . .		400 000	»
	Soit	Fr.	1 050 000	»

correspondant à une redevance moyenne par tonne de 0 fr. 525.

Il peut se faire que dans les périodes de grande activité industrielle le Consortium international trouve son intérêt à porter la production annuelle de 2 à 3 millions de tonnes, et, dans ce cas, la redevance à payer à l'Algérie s'élévera à 1 450 000 francs, correspondant seulement à 48 centimes par tonne.

On est en droit de se demander si, en traitant sur ces bases en 1905 avec le Consortium international, l'Algérie n'a pas montré trop de hâte et de désir de solutionner cette affaire, et si elle n'aurait pu obtenir des conditions plus avantageuses ?

Si nous jetons un coup d'œil sur ce qui se passe en dehors de notre pays, nous voyons que le Gouvernement suédois, propriétaire des riches gisements de fer de Laponie, dont il a concédé les deux principaux, ceux de Gellivare et de Kirunavara, à une même société, lui a imposé en 1907 un maximum d'exportation annuelle, afin de ne pas laisser ces richesses s'épuiser trop vite et aussi pour ne pas produire un abaissement des prix de ce produit national ; en outre, et sans bourse déliée, l'État suédois deviendra propriétaire de la moitié des actions de ces mines en 1938 ; en attendant ce moment, c'est le régime de la redevance par tonne qui existe, mais au lieu d'aller en diminuant avec l'importance du tonnage exporté, comme pour l'Ouenza, cette redevance augmente progressivement avec le tonnage exporté ; il en découle que plus les bénéfices de la Société progressent, plus la redevance payée à l'État suédois augmente.

Il semblerait donc que l'Algérie aurait pu obtenir du Consortium international d'être rémunérée de la minière par une participation dans les bénéfices ;

mais cette conception exigerait que l'amodiation de la minière soit consentie, non pas à une Mutuelle d'usines métallurgiques, mais à une Société commerciale vendant son minerai le plus cher possible.

Le Consortium a été surtout combattu devant le Parlement parce qu'il est international; or, il serait possible de le modifier afin qu'il devienne exclusivement français, d'autant plus que deux des plus importantes maisons : Krupp et Cammel, s'en sont, paraît-il, retirées; comme garantie pour l'avenir et afin d'éviter que le Consortium Français ne devienne étranger, comme cela s'est produit pour le canal de Suez, il suffirait de stipuler dans le contrat d'amodiation de la minière que les actions ne pourront être possédées que par des citoyens français agréés par le Conseil d'administration, dont les membres devront également être Français et agréés par le Gouvernement; ces conditions ont d'ailleurs été imposées déjà à certaines Sociétés que l'État français ne pouvait laisser passer en des mains étrangères.

Les capitaux exclusivement français ne manqueraient pas à cette affaire nationale, et la publicité retentissante qui lui a été faite dans la presse et devant le Parlement en faciliterait singulièrement la réalisation.

En ce faisant, notre pays ne ferait que suivre l'exemple qui lui est donné par les autres nations européennes; c'est ainsi que le Parlement prussien est saisi, depuis l'année dernière, d'un projet de loi d'après lequel les personnes civiles étrangères devront, pour l'acquisition d'une propriété minière et de parts immobilières dans une mine, ou pour l'obtention du droit d'installer des mines pour leur propre compte, avoir une autorisation soit du Roi, soit de l'Autorité désignée par ordonnance royale.

Quel est l'objet de cette loi, si ce n'est justement d'empêcher en Prusse ce que nous nous disposons à faire en concédant à un Consortium international nos richesses nationales de l'Ouenza?

Le Gouvernement russe vient également d'entrer dans la même voie, en prenant tout récemment une importante décision d'après laquelle les concessions faites jusqu'ici aux sujets étrangers, en vue de l'exploitation des puits de naphte, seront interdites dans l'avenir; les étrangers pourront cependant avoir une part dans l'exploitation des puits de naphte s'ils ont participé aux travaux d'exploration; mais si la région est connue comme naphtifère, ils ne pourront coopérer que pour le capital, sans prendre part à l'exploitation elle-même.

Le moment semble donc peu opportun de préconiser l'introduction d'étrangers dans une société qui serait concessionnaire des riches gisements d'hématite pure de l'Ouenza, d'emplacements dans le port de Bône, et du chemin de fer à voie étroite Ouenza-Bône direct, situé tout entier en territoire algérien.

On ne saurait d'ailleurs prétendre que la présence des usines métallurgiques étrangères dans la Société concessionnaire constitue une condition *sine qua non* de la possibilité d'exploiter l'Ouenza et qu'autrement ces mines seront abandonnées.

Est-ce que du fait du départ des deux établissements métallurgiques : Krupp et Cammel, la Société d'Études de l'Ouenza a renoncé à cette affaire? Pourquoi donc ne pas poursuivre cette élimination afin de transformer le Consortium International en une Société exclusivement française?

Il est certain, en effet, que les minerais de l'Ouenza, qui ont une teneur de 53 0/0 et qui sont d'une qualité excellente pouvant rivaliser avec les meilleurs connus, trouveront toujours preneurs, et surtout de la part des étrangers; c'est une vérité incontestable que lorsqu'on met à la portée des consommateurs qui en ont besoin une marchandise de première qualité, elle trouve toujours preneurs.

La Compagnie des phosphates de Gafsa, qui n'est pas une Mutuelle d'usines de superphosphates, mais une Société commerciale, n'arrive-t-elle pas à vendre tous les phosphates qu'elle extrait et dont le tonnage atteint 1 million de tonnes par an? Des marchés importants et à longs termes ne lui assurent-ils pas l'écoulement de sa production pendant plusieurs années à l'avance?

Les minerais de fer, comme les phosphates, donnent lieu à des marchés importants et à longs termes entre les établissements métallurgiques et les mines.

Dernièrement encore le Strub-Trust américain, vient de passer un marché important avec les mines de fer de Gellivare et Kirunavara.

Nous sommes donc convaincu qu'il n'est nullement nécessaire de s'assurer d'avance une clientèle capable de consommer tout le minerai extrait de l'Ouenza pour engager des capitaux exclusivement français dans cette affaire; il ne faut pas oublier d'ailleurs que l'un des principaux avantages réservés aux usines étrangères qui restent dans le Consortium est d'être assurées d'un tonnage minimum de 120 000 tonnes par an et par usine, au prix de revient majoré seulement de 1 franc par tonne; c'est là un bénéfice en nature dont l'importance n'échappera à personne et dont profiterait exclusivement la Société française.

CONCLUSIONS

Nous croyons avoir suffisamment démontré, dans le chapitre qui précède, et dans le cadre restreint que comporte cette brochure, que, d'une part, l'Algérie peut prétendre à une participation plus importante dans l'amodiation de la minière au Consortium International et que, d'autre part, la transformation de cette Mutuelle d'usines étrangères en une Société commerciale exclusivement française, non seulement n'enlèverait rien à la vitalité de cette affaire, mais en laisserait tout le profit à notre seul pays.

Quoi qu'il en soit, il est incontestable pour nous que l'Algérie doit tirer parti d'une manière ou de l'autre de cette richesse de son sous-sol depuis trop longtemps inexploité et qu'il appartient au Parlement de prendre une décision à cet égard.

Si le chemin de fer à voie étroite et unique Ouenza-Bône direct n'était pas voté, ou si ce vote n'avait pas eu lieu le 29 janvier 1911, l'amodiation de la minière au Consortium International se trouverait, ainsi que nous l'avons dit, annulée *ipso facto ;* l'Algérie aurait la ressource dans ce cas, soit de traiter avec une Société exclusivement française, soit de mettre la minière en adjudication, sur un programme élaboré d'avance et qui tiendrait compte de toutes les observations faite par le Parlement. La mise en adjudication de la minière ne saurait d'ailleurs soulever d'objection de la part de l'Algérie, puisque c'est de cette manière qu'elle se propose de procéder pour la mise en exploitation des riches gisements de phosphates du « Djebel-Onk » situé à 150 kilomètres au sud de l'Ouenza.

CHAPITRE III

Chemins de fer pour l'évacuation à la mer des minerais de fer de l'Ouenza et du Bou-Kadra.

Dans le chapitre précédent, nous avons vu que le Gouvernement Général de l'Algérie avait concédé les richesses immenses de l'Ouenza au Consortium International ; nous devons ajouter qu'un gisement de fer beaucoup moins important, le « Bou-Kadra », situé à une vingtaine de kilomètres au sud de l'Ouenza, a été concédé à la Compagnie du Mokta-el-Hadid.

Alors que le respect des usages économiques exigerait que toute liberté soit laissée aux acheteurs des minerais de l'Ouenza et du Bou-Kadra de transporter ces minerais où ils veulent et comme ils l'entendent, le Gouvernement Général de l'Algérie a imposé aux concessionnaires de ces mines l'obligation stricte d'exporter tous leurs produits par le seul port de Bône.

Cette obligation qui ferme la porte à toute sortie d'un produit algérien par la Tunisie et réciproquement, ne saurait, pensons-nous, être ratifiée par le Parlement.

Est-ce que des Puissances voisines sont toujours séparées par des frontières naturelles et n'arrive-t-il pas parfois qu'une goutte d'eau tombée sur le sol de l'une d'elles se rende à la mer en passant sur le territoire de l'autre ? Or, il en est de même des courants économiques, qui ont toujours avantage à suivre les courants géographiques.

Il y a d'autant moins de nécessité de créer une exception géographique semblable, qu'en réalité, tous les gisements situés de part et d'autre de la frontière artificielle qui sépare l'Algérie de sa voisine, ne sont ni Algériens ni Tunisiens au sens propre du mot : ce sont des richesses françaises qu'il convient d'exploiter de la manière la plus économique et la plus profitable à la grandeur et à la puissance de notre pays.

C'est pour éviter que la Chambre, dans le cas où elle approuverait le projet de loi du 30 mai 1908, ne consacre, par son vote, un principe aussi regrettable, que l'amiral Bienaimé a demandé de faire suivre l'article 2 de ce projet de loi d'un article 2 *bis* qui serait ainsi conçu :

« L'approbation consentie dans l'article précédent n'implique pas la reconnaissance par

l'État d'un monopole de sortie des minerais de l'Ouenza et du Bou-Kadra, au profit
exclusif du port de Bône, et le Gouvernement se réserve expressément le droit prévu à
l'article 46 du Cahier des charges, d'accorder, s'il le juge utile, de nouvelles concessions
de chemins de fer s'embranchant svr les lignes concédées ou qui pourraient être établies
en prolongement desdites lignes. »

Par cet amendement, le Parlement montrera que sa sympathie est acquise à
l'Algérie comme à la Tunisie, que son désir est de les voir se développer l'une et
l'autre, et qu'il ne peut exclure la seconde des bénéfices que peut lui assurer son
voisinage de la première, pour le seul motif que la Tunisie n'a pas de représentants autorisés.

§ I. — Chemin de fer à voie unique et étroite Ouenza-Bône direct.

Dans le but d'assurer au seul port de Bône l'exportation des minerais de
l'Ouenza, le Gouvernement général de l'Algérie a donné au Consortium international de la minière la concession du chemin de fer à voie unique et étroite de
Bône à l'Ouenza, avec prolongement éventuel sur le Bou-Kadra et Morsott.

C'est cette concession qui est soumise à la ratification de la Chambre et pour
laquelle on demande la déclaration d'utilité publique et d'intérêt général.

La ligne projetée a une direction générale nord-sud ; partant de l'Ouenza à
la cote 586, elle traverse la vallée de l'oued Mellègue, franchit le plateau d'Aïn
Guettar qui sépare le bassin du Mellègue de celui de la Medjerdah, descend ce
dernier fleuve qu'elle traverse sur un viaduc métallique qui sera l'un des plus
grands du monde entier, puisque l'arche centrale aura 400 mètres d'ouverture et
130 mètres de hauteur, remonte à flancs de coteaux la Medjerdah en se rappro-
chant de la frontière tunisienne, traverse ensuite diverses crêtes de montagnes
nécessitant de nombreux ouvrages d'art dont un tunnel de 1 450 mètres de longueur, puis redescend les vallées de l'oued Bou-Hadjar et de la Bounamoussa
pour arriver à son point terminus à Bône.

Ce chemin de fer, d'une longueur de 193 kilomètres, non compris un prolongement de 23 kilomètres de l'Ouenza au Bou-Kadra, traversera une région très
accidentée ; sa construction, qui présente de très sérieuses difficultés techniques
donnera lieu sans aucun doute, à de graves mécomptes, tant au point de vue du
prix de 40 millions de francs prévu que de la durée des travaux qui doit être
de quatre années seulement. En outre le rendement de cette ligne ne pourra
certainement pas assurer, avec une voie unique d'un mètre, le trafic prévu qui
est de 3 millions de tonnes par an (2 millions de tonnes de minerai de fer de
l'Ouenza et du Bou-Kadra et un million de tonnes de phosphates et de céréales).

La concession de ce chemin de fer est pour le Consortium International une
affaire inséparable de celle de la minière et en cela, il suit l'exemple qui a si bien

réussi à la Compagnie des Phosphates de Gafsa. Le chemin de fer à voie étroite et unique de l'Ouenza-Bône direct donnera en effet à ce Consortium un monopole de fait sur toute la région de l'Ouenza qui, au dire des Ingénieurs des Mines les plus compétents, renferme plus de 70 millions de tonnes d'un minerai de fer semblable à celui de la minière; c'est donc la main mise par la Société du Consortium sur toutes les exploitations minières qui voudraient se créer en dehors d'elle dans cette région au sous-sol si riche. La gravité de cet inconvénient se fera sentir pour l'Algérie elle-même qui devra, le moment venu, en subir les conséquences.

Les défenseurs de l'Algérie, au cours des débats qui ont eu lieu dans la précédente législature, ont beaucoup trop insisté, à notre avis, sur ce fait que le chemin de fer à voie unique d'un mètre doit être construit par la Société du Consortium avec ses propres ressources, sans aucune garantie d'intérêt, et qu'il doit faire retour gratuitement à l'Algérie au bout de soixante ans.

En effet, tandis que, dans toutes les concessions de chemin de fer, l'État se réserve le droit de rachat au bout de la quinzième année d'exploitation, le Consortium a obtenu, d'après l'article 37 du Cahier des Charges, que ce rachat ne pourra s'exercer qu'après la trentième année d'exploitation, c'est-à-dire lorsque le Consortium aura fini d'extraire tout le minerai de fer de sa minière.

Il en résultera donc que, lorsque la ligne Ouenza-Bône fera retour à l'État, elle sera déficitaire, car ce n'est pas le trafic local qui sera suffisant pour l'alimenter, et cela d'autant plus que la voie projetée sera sensiblement parallèle, à une distance de 15 à 20 kilomètres, à la ligne existante Tebessa-Souk-Ahras-Bône, qui est elle-même déficitaire.

Ce fait est d'ailleurs confirmé par l'expérience acquise dans la Métropole où chaque fois qu'on a construit deux chemins de fer économiques distants de moins de cinquante kilomètres, ils se sont ruinés à un tel point que leur exploitation est devenue impossible.

Lorsque la ligne Ouenza-Bône fera retour à l'État, soit au bout de trente années d'exploitation après un rachat onéreux, soit à l'expiration des soixante années de concession, l'Algérie aura donc une ligne déficitaire de plus; or, la loi du 23 juillet 1904 a mis par un forfait à la charge de la Métropole les insuffisances des chemins de fer algériens, dont le total, s'élevant à 21 millions de francs, doit, aux termes de cette loi, diminuer de 300 000 francs de 1908 à 1912, de 400 000 francs de 1913 à 1917 et de 500 000 francs de 1918 à 1946; du fait de ce nouveau chemin de fer déficitaire, l'économie de cette loi sera détruite et ce seront des charges nouvelles qui viendront grever notre budget métropolitain déjà si lourd.

*
* *

Dans le discours remarquable qu'il a prononcé à la Chambre le 18 février 1910 sur cette importante question du chemin de fer à voie étroite et unique Ouenza-Bône direct, M. Marcel Régnier s'est surtout efforcé de démontrer que les bénéfices que le Consortium tirera de ce chemin de fer sont exagérés, et qu'il y avait lieu de modifier la concession dans un sens plus avantageux pour les finances algériennes, en décidant qu'au delà de la rémunération à 10 0/0, par exemple, du capital actions de 15 millions de francs prévu pour la Société du chemin de fer, les bénéfices soient partagés par moitié, entre cette Société et l'Algérie.

La Chambre s'est rangée à cette appréciation et la Société du Consortium a accepté cette modification.

Il nous paraît qu'il n'a pas été prêté, au cours de ces débats, suffisamment d'attention au coût de premier établissement de ce chemin de fer qui a été évalué à 40 millions de francs seulement.

Si l'on s'en rapporte à l'avis du Gouvernement algérien et à celui de certains ingénieurs, d'une autorité incontestable et connaissant parfaitement le pays accidenté que la ligne doit traverser, le prix prévu sera largement dépassé ; cela est très possible et s'est produit pour les chemins de fer du Yunann en Indo-Chine et plus récemment pour ceux de Tunisie qui, pour un ensemble de dépenses prévues de 75 millions de francs, accusent un dépassement de 27 millions de francs que le Gouvernement beylical se trouve dans la nécessité d'emprunter pour achever les travaux.

La Société du Consortium International ne voudra pas prendre à sa charge les dépassements, surtout s'ils sont importants, car ils ne lui permettraient plus une exploitation économique ; ce sera la Métropole ou l'Algérie directement intéressée à l'exportation des minerais de fer qui devront fournir les capitaux nécessaires à l'achèvement de la ligne.

C'est d'ailleurs pour parer à cet inconvénient que M. Vendame disait à la tribune de la Chambre :

« Aussi ne verrais-je, pour ma part, aucun inconvénient à adopter un amendement subsidiairement proposé par la Chambre de commerce de Bizerte, dans le cas d'adoption du projet, amendement ainsi conçu :

» L'État n'interviendra à aucun moment dans les dépenses de construction du chemin de fer, dans le cas où les dépenses dépasseraient les prévisions. »

Cet amendement n'empêchera pas cependant que des mécomptes puissent se produire au cours de l'exploitation et il pourrait se faire alors que la Société du Consortium International arrêtât son exploitation en réclamant le rachat de la ligne avec indemnités pour trouble apporté dans la jouissance de la minière. On se rappelle avec quelle vigueur l'Allemagne est intervenue pour le paiement des dommages assez faibles causés à ses nationaux à Casablanca. A quels dangers le Gouvernement français s'exposerait-il, s'il ne prenait toutes les précautions voulues pour éviter que l'Allemagne puisse dans l'avenir trouver le moindre prétexte lui permettant d'intervenir dans l'affaire de l'Ouenza et imposer le rachat du chemin de fer ?

Au moment où les Délégations Algériennes viennent de décider le rachat à partir du 1er janvier 1911 du réseau algérien de la Compagnie Bône-Guelma, est-il bien opportun de concéder à un Consortium International, une voie ferrée tout entière en territoire français, sur laquelle il aura une maîtrise à peu près absolue et que l'on sera peut-être un jour forcé de racheter ?

Si, ainsi que le dit le Gouvernement algérien, cette ligne est actuellement assurée d'un trafic de 3 millions de tonnes sans compter les exploitations minières qui se créront dans cette région de l'Ouenza au sous-sol si riche, ne serait-il pas préférable de laisser l'Algérie construire et exploiter elle-même ce chemin de fer, mais avec une voie normale au lieu de la voie de un mètre qui a été prévue et qui serait insuffisante pour un pareil trafic ? Le Consortium International, déchargé du chemin de fer, pourrait dans ce cas, soit élever les taxes de redevances qu'il doit payer à l'Algérie par tonne de minerai de fer extraite, soit participer à la construction du chemin de fer par une subvention importante.

C'est là un point intéressant que nous soumettons à l'examen du Parlement.

§ II. — Utilisation des chemins de fer existants:
Chemins de fer de Tebessa-Souk-Ahras-Bône et Nebeur-Bizerte.

L'Algérie a le plus grand intérêt à ce que l'exploitation des gisements de minerais de fer de l'Ouenza et du Bou-Kadra commence le plus tôt possible, puisqu'elle doit en retirer une redevance annuelle de plus d'un million de francs pour une extraction de 2 millions de tonnes ; aussi paraît-il peu logique de la voir donner sa préférence au chemin de fer Ouenza-Bône direct à voie unique et étroite, au lieu d'utiliser les chemins de fer à voie large existant à proximité, qui peuvent sans difficultés techniques et sans grandes dépenses, se raccorder à l'Ouenza et permettre d'écouler presque immédiatement les minerais sur les deux ports de Bône et de Bizerte.

Dans une brochure intitulée *La vérité sur l'Ouenza*, M. F. Laur, ancien ingénieur des Mines a dit à ce sujet :

« Est-ce en faisant une grande ligne toute neuve, à travers les deux Atlas, que l'on arrivera le plus vite à la mise en exploitation ?

» Ou bien est-ce en utilisant les lignes déjà existantes ?

» Le doute n'est pas permis pour nous qui connaissons le pays, qui l'avons habité, qui avons découvert et exploité la première mine de zinc dans le massif du Nador, sur le chemin de l'Ouenza, pour M. Duportal, inspecteur général des Ponts et Chaussées, qui a fait la plupart des chemins de fer de la région, il n'y a aucune hésitation.

» Nous déclarons que le chemin de fer de l'Ouenza à Bône est presque impossible, que les pentes et contre-pentes à travers les deux Atlas en feront une voie inexploitable pour les gros trafics, qu'il sera constamment en réparation à cause des terrains argileux ».

Pourquoi construire dans ces conditions l'Ouenza-Bône direct avec voie unique de un mètre puisque l'Ouenza et sa région peuvent être infiniment mieux desservis par deux lignes à voie large déjà existantes ?

C'est en premier lieu le chemin de fer de Tébessa-Clairefontaine-Souk-Ahras-Bône, qui fonctionne depuis seize ans; sur cette ligne on peut exploiter avec un matériel approprié, d'après une dépêche de la Fédération des mécaniciens de Bône, sur le parcours Bône à Medjez-Sfa avec huit trains journaliers de 800 tonnes, plus de 2 300 000 tonnes de minerais de fer par an, tonnage que l'on peut doubler avec un service de nuit; de Medjez-Sfa à Clairefontaine, on obtiendrait le même rendement en modifiant la ligne en conséquence, ce qui occasionnerait une dépense d'environ 20 millions de francs ; il suffirait ensuite pour relier Clairefontaine à l'Ouenza, de construire une vingtaine de kilomètres descendant une vallée en pente douce; l'Algérie qui a prélevé sur les fonds de son emprunt 7 millions pour mettre à la voie large la section de Tébessa-Clairefontaine-Souk-Ahras, pourra bien sur ces mêmes fonds prendre la somme nécessaire à la modification de la voie existante et à la construction du raccordement Clairefontaine-Ouenza.

Le rachat du réseau algérien de la Compagnie Bône-Guelma étant décidé à partir du 1er janvier 1911, ce serait l'Algérie qui exploiterait pour son compte le chemin de fer Ouenza-Clairefontaine-Souk-Ahras-Bône, et pourrait facilement transporter sur cette ligne les minerais de fer pour le prix forfaitaire de 6 francs, comprenant seulement la traction, puisque la ligne actuelle transporte déjà les phosphates à prix réduit; en outre le transport de ces minerais de fer donnerait des bénéfices importants qui contribueraient à faciliter considérablement l'opération du rachat des lignes algériennes.

Le deuxième chemin de fer à voie large pouvant se raccorder à l'Ouenza, est la ligne de Bizerte-Mateur-Nebeur, en partie construite et qui sera mise en exploitation en 1911 ; la Tunisie qui doit prolonger cette ligne jusqu'à une autre mine située en territoire tunisien à proximité de l'Ouenza, serait toute disposée, puisqu'il y va de son intérêt, à hâter l'exécution de ce prolongement et consentirait certainement à faire à ses frais le raccordement nécessaire pour desservir l'Ouenza.

La distance de l'Ouenza-Bizerte serait de 246 kilomètres, c'est-à-dire un peu plus grande que la ligne projetée Ouenza-Bône direct du Consortium International, mais elle présenterait sur cette dernière un profil excessivement avantageux au point de vue de l'exploitation, ainsi que le montre la planche annexe ; en partant de l'Ouenza, cette ligne descendrait en pente douce la vallée de l'oued Mellègue jusqu'à Nebeur, c'est-à-dire suivrait la voie naturelle indiquée par la configuration du sol pour la sortie des minerais de la région de l'Ouenza vers la côte ; d'autre part, cette ligne permettant une exploitation très économique pourrait très facilement transporter les minerais de l'Ouenza à Bizerte pour le prix forfaitaire de 6 francs par tonne et ceux du Bou-Kadra pour 6 fr. 50 c., prix prévus pour la voie étroite et unique Ouenza-Bône direct.

A l'origine, en 1902, le Consortium International ne projetait-il pas d'écouler les minerais de fer de l'Ouenza par la vallée de l'oued Mellègue, en construisant le chemin de fer Ouenza-Nebeur-Bizerte, et n'a-t-il pas été obligé de renoncer à ce tracé tout indiqué par la nature, devant l'opposition formelle de l'Algérie, qui a exigé l'exportation de ces minerais par le seul port de Bône ?

Aujourd'hui que le chemin de fer Bizerte-Nebeur est sur le point d'être terminé et que la Tunisie peut le prolonger à ses frais jusqu'à l'Ouenza, pourquoi ne pas utiliser cette ligne à voie normale et en construire une nouvelle à voie unique et étroite, à travers les deux Atlas, qui coûtera certainement plus de 40 millions de francs et ne sera pas achevée avant sept années ?

L'Ouenza, le Bou-Kadra et la région environnante seraient bien mieux desservis par deux lignes à voie normale, dont la capacité de transport serait, en vertu d'une formule bien connue, égale, pour chaque voie, à une fois et demie celle de la voie étroite.

C'est la seule solution rationnelle, car elle assure l'écoulement des minerais de l'Ouenza et du Bou-Kadra avec le minimum de dépenses par deux voies larges aboutissant, l'une au port de Bône et l'autre à celui de Bizerte ; nous ajouterons même que l'intérêt bien compris de l'Algérie exigerait cette solution ; si, en effet, les minerais de fer de l'Ouenza et du Bou-Kadra n'ont la possibilité de sortir que par le seul port de Bône, l'exportation de ces minerais sera complètement suspendue dans le cas où le port de Bône deviendrait inaccessible aux navires pour une cause quelconque, ou que le chemin de fer viendrait à être coupé, par suite d'inondations, de tremblements de terre ou de réparations importantes à y exécuter ; cet arrêt amènerait les plus grands troubles dans l'exploitation de la minière. Mais avec la deuxième ligne de l'Ouenza-Nebeur-Bizerte, l'exportation des minerais de fer sera assurée dans les éventualités qui précèdent et l'Algérie sera à l'abri de tous aléas ou perturbations dans l'encaissement des redevances d'extractions qu'elle escompte.

Nous apprenons que la Commission parlementaire vient de commencer l'examen d'un nouveau tracé, qui comporterait le doublement des voies du Bône-Guelma jusqu'à Medjez-Sfa, puis la construction d'une voie large passant par Sedrata, le Djebel-Rirane et gagnant le Djebel-Ouenza par la rive droite de l'Oued-Mellègue. Ce tracé pourrait permettre d'écouler une partie du minerai vers Bône, sans préjudice pour le trafic vers Bizerte.

CONCLUSIONS

Ainsi que nous croyons l'avoir démontré, l'intérêt même de l'Algérie exige que les minerais de fer de l'Ouenza et du Bou-Kadra soient exportés à la fois par les ports de Bône et de Bizerte, au moyen de deux chemins de fer à voie large aboutissant à ces deux ports ; c'est aussi l'intérêt supérieur de la Défense Nationale qui exige cette solution, ainsi que nous l'exposerons plus loin.

Nous avons fait connaître, en outre, les raisons pour lesquelles nous trouvions préférable à tous les points de vue que l'Algérie utilise, en l'adaptant à ce nouveau trafic de minerais de fer, la ligne existante à voie large de Tébessa-Clairefontaine-Souk-Ahras-Bône.

CHAPITRE IV

Concession de divers emplacements dans le port de Bône.

L'article 3 du projet de loi soumis au Parlement, approuve la convention spéciale intervenue les 26 juin-12 juillet 1905, entre le Gouvernement général de l'Algérie et le Consortium International, pour la concession de divers emplacements dans le port de Bône. destinés à recevoir la gare maritime du chemin de fer ainsi que les installations nécessaires à la mise en stock et à l'embarquement des minerais de fer ; dans ce but, un vaste terre-plein de 39 hectares de superficie a été constitué par l'Algérie à l'embouchure de la Seybouse ; ce terre-plein, dont la constitution a coûté à la colonie environ trois francs le mètre carré, est terminé à l'heure actuelle et des enrochements le protègent contre les déprédations de la mer et de la Seybouse.

Pour l'emplacement de la gare du chemin de fer, qui doit être occupé pendant toute la durée de la concession de la ligne, une surface de 6 hectares a été concédée gratuitement au Consortium International ; cependant, si ce dernier use de la faculté qu'il a de requérir, pour les besoins du chemin de fer, l'amodiation d'une surface supplémentaire ne pouvant excéder 4 hectares, il devra payer à l'Algérie une indemnité une fois payée de 3 francs le mètre carré.

Quant à l'emplacement affecté aux quais et aux installations de mise en stock et d'embarquement des minerais, ainsi qu'à la pose des voies de circulation reliant lesdites installations à la gare, il est également concédé gratuitement au Consortium International, mais seulement pour la durée de l'exploitation des gisements miniers.

Le Gouvernement Général de l'Algérie a pris à sa charge le dragage des fonds à 9 mètres et la fermeture de la passe actuelle du port, les frais de construction des quais, appontements ou estacades destinés au chargement des minerais incombant à la Société du Consortium.

Lorsque ces divers travaux seront achevés, Bône sera, après Alger, le plus grand port de l'Algérie ; il ne pourra cependant être comparé à celui de Bizerte, au point de vue de l'abri et du mouillage.

DEUXIÈME PARTIE

LA DÉFENSE NATIONALE

CHAPITRE V

Le Port de Bizerte.

Dans cette deuxième partie, nous exposerons les considérations nationales qui exigent qu'une transaction intervienne entre les Gouvernements français, algérien et tunisien, en vue d'assurer, au port de Bizerte, une partie des minerais de fer de l'Ouenza et du Bou-Kadra, et cela, dans l'intérêt supérieur de la défense nationale.

On ne peut parler de Bizerte, sans rappeler ces paroles mémorables prononcées par Jules Ferry, alors qu'il parcourait en barque la nappe d'eau immense du grand lac salé.

« Ce lac, à lui seul, vaut la possession de la Tunisie tout entière; oui, Messieurs, si j'ai pris la Tunisie, c'est pour avoir Bizerte. »

C'est à l'amiral Aube que nous devons d'avoir pris, en 1886, l'initiative de la création, à Bizerte, d'un port militaire; mais pour éviter toutes difficultés diplomatiques et financières, le Gouvernement tunisien concéda, en 1889, à la la Compagnie actuelle, la construction et l'exploitation, à Bizerte, d'un port commercial en eau profonde, susceptible de recevoir des navires à grand tirant d'eau; la Compagnie concessionnaire devait, pour rémunérer les capitaux exclusivement français engagés dans cette entreprise, percevoir les droits de port sur les navires et les marchandises.

Le caractère militaire et métropolitain de ces travaux résulte incontestablement des documents diplomatiques qui prouvent qu'en concédant le port de Bizerte à une Société française, le Gouvernement beylical n'avait en vue que les intérêts du Gouvernement français et particulièrement ceux de la Marine.

Dès le 1ᵉʳ juillet 1895, c'est-à-dire six mois avant la date fixée par la concession, le port de Bizerte fut ouvert aux navires; en outre, plusieurs Commissions nautiques furent convoquées par la Marine en 1888, 1893, 1899 et 1900, pour suivre les travaux du port et étudier les meilleures dispositions à lui donner. L'ouverture du grand lac de Bizerte à nos flottes de guerre réalisait seulement la première partie du programme de l'amiral Aube; la Marine poursuivit ce programme en créant à Bizerte un point d'appui de la flotte et en construisant au fond du lac, à Sidi-Abdallah, un grand arsenal, d'après les derniers perfectionnements de la science.

En outre, en vue de l'extension future du trafic du port de Bizerte et de la nécessité de reporter en dehors des rives du canal les opérations des navires de commerce, afin de laisser ce canal libre, la Compagnie a établi un projet d'aménagement d'un port de commerce dans la baie de Sébra que la nature semble avoir créée spécialement pour cet usage; le dragage de cette baie à 10 mètres, la constitution des terre-pleins nécessaires aux dépôts de marchandises, les warfs parallèles pour l'accostage et les opérations des navires, la construction d'un bassin de radoub coûteront à la Compagnie environ 15 millions de francs, mais ce port pourra satisfaire à un trafic de plus de 5 millions de tonnes par an; ce projet a reçu l'approbation du Gouvernement tunisien et de la Marine Française, et les premiers travaux, comportant une dépense de 2 millions de francs, commencés depuis le mois d'octobre 1909, se poursuivent rapidement et seront terminés à la fin de l'année prochaine.

Aujourd'hui le trafic du port de commerce de Bizerte est si insignifiant que le Français qui le visite, voyant les quais sans navires, les terre-pleins sans marchandises et la ville sans aucune animation, sent son cœur se remplir de tristesse à la vue de ce spectacle, d'autant plus que ses yeux sont émerveillés de la situation admirable et des commodités que présentent ce port magnifique si délaissé par les Pouvoirs publics.

Bizerte sans charbon, sans approvisionnements, sans port de commerce florissant, est une batterie de canons sans munitions; c'est une vérité qu'on nierait en vain en invoquant la prétendue incompatibilité qui existe entre un port de commerce et un port de guerre, car le port de commerce doit pouvoir fournir tous les approvisionnements généraux nécessaires à la vitalité du port de guerre, qui, de son côté, doit assurer la protection des navires de commerce; les manœuvres de l'armée navale ont démontré d'ailleurs combien il était utile, pour le ravitaillement de nos escadres, que les ports de guerre aient à proximité les ressources que l'industrie privée accumule d'ordinaire dans les ports de commerce.

N'avons-nous pas, à Cherbourg, à côté du port de guerre, le port de commerce, qui, en tant qu'escale, se développe au point de tenir le deuxième rang après Marseille comme tonnage, en raison de ce que les navires de la *Hambourg*

American Line, qui font le service de l'Amérique du Nord, sont forcés d'y faire escale, ne trouvant pas dans nos autres ports, la profondeur d'eau nécessaire ?

L'Angleterre ne s'est pas davantage arrêtée à cette objection, puisque dans la même rade, à Douvres, elle a installé un port de guerre et un port de commerce.

Si en France on a envisagé la question de la dualité d'un port de commerce et d'un port de guerre, elle ne peut être sérieusement prise en considération à Bizerte, qui se trouve dans une situation unique, en raison de ce que l'arsenal militaire se trouve en réalité à 15 kilomètres du port de commerce, dont il est séparé par un lac immense de 12 000 hectares de superficie, qui pourrait abriter toutes les flottes de guerre du monde entier.

On a aussi exprimé quelques craintes de voir, dès l'ouverture des hostilités, l'ennemi immobiliser notre flotte dans le lac en coulant un ou deux navires de commerce dans le canal qui le fait communiquer à la mer; ces craintes, qui ont pu paraître justifiées il y a quelques années, ne le sont plus depuis que sont achevés les travaux complémentaires décidés par la Marine, en 1899, dans un but purement militaire; le front de mer est devenu à peu près imprenable, grâce aux fortes batteries qui ont été installées sur la côte et qui commandent l'entrée de l'avant-port, grâce aussi aux torpilleurs et sous-marins de la Défense mobile du port, installée à la baie Ponty; d'autre part, la largeur du canal faisant communiquer l'avant-port avec le grand lac, a été portée à 240 mètres et permet facilement le croisement de deux et même de trois cuirassés.

On a été jusqu'à écrire que les courants, atteignant 15 kilomètres à l'heure dans le canal, y rendent la navigation difficile, alors qu'on n'a jamais constaté à Bizerte de courant dépassant quatre nœuds, vitesse qui ne gêne nullement les navires.

A l'heure actuelle, il faut bien se rendre compte de cette vérité, que l'existence d'un port de commerce à Bizerte, ne saurait avoir aucune influence sur l'embouteillage, s'il est toutefois réalisable, ce que nous ne croyons pas, car la Marine ayant la police du pilotage, pourra toujours empêcher tout navire suspect de franchir les passes et d'arriver dans l'avant-port et le canal; quant aux navires de commerce qui stationnent dans le port, la Marine pourra facilement exercer sur eux une surveillance sévère dès la première menace d'ouverture d'hostilités et les mettre dans l'impossibilité de nuire.

D'autre part, à Bizerte, le port de commerce doit vivre à côté du port de guerre, car ils sont intimement liés; ils se complètent l'un l'autre, étant tous deux issus de la même pensée créatrice.

Il faut un port de commerce très prospère à Bizerte, car dès la première menace de conflit, les communications de Bizerte avec la Métropole et particulièrement avec Toulon seront coupées et Bizerte devra pouvoir vivre de ses propres ressources pendant toute la durée de la guerre; tous les amiraux, tous les généraux qui ont commandé à Bizerte ont exprimé à maintes reprises cette vérité, qui, après bien des discussions, a triomphé, puisqu'en septembre 1909 la Marine a donné son adhésion à l'aménagement, dans la baie de Sébra, d'un port de commerce dont les travaux sont en cours d'exécution.

*
* *

Il est ainsi bien établi que le port de commerce et le port de guerre sont le complément l'un de l'autre.

La nécessité de développer rapidement le trafic du port de commerce s'impose donc d'une manière d'autant plus impérieuse que la Marine a déjà pris toutes les dispositions nécessaires en vue de tirer le maximum d'utilisation du port de guerre.

M. le Ministre de la Marine, dans son projet de loi du 23 mars 1909, portant ouverture de crédits supplémentaires, prévoit en effet pour Bizerte, les crédits ci-après :

Crédits engagés pour 1909 :

Travaux hydrauliques : Élargissement des deux formes de radoub de Sidi-Abdallah . . . . Fr.   2 000 000   »

Crédits non engagés :

Construction d'une troisième forme de radoub à Sidi-Abdallah . . . .   6 000 000   »

Constructions navales :

Élargissement des bateaux-portes pour les deux formes de radoub de Sidi-Abdallah . . . .   300 000   »

Achat d'un appareil d'épuisement et d'un bateau-porte pour la nouvelle grande forme de Sidi-Abdallah . . . .   600 000   »

Total . . . . Fr.   8 900 000   »

D'autre part, au chapitre « Création d'approvisionnements à Bizerte », il est dit dans ce projet de loi, que l'arsenal de Sidi-Abdallah étant achevé depuis plusieurs mois, le moment est venu d'y créer un approvisionnement de matières permettant d'assurer son fonctionnement en temps de paix comme en temps de guerre, et que des supputations attentives conduisent de ce chef à une dépense de 1 200 000 francs.

Depuis ce projet de loi, le Parlement a voté la construction de deux cuirassés de 23 500 tonneaux qui sont l'amorce d'un grand programme naval, et le ministre de la Marine a décidé qu'à dater du 1ᵉʳ janvier 1911, une division de cuirassés viendrait se radouber à Bizerte. Il est regrettable que la Marine ne prenne pas la décision d'attacher une escadre au port de Bizerte, suivant ainsi l'exemple de l'Angleterre, qui a une escadre à Malte.

Si le programme naval de l'amiral Boué de Lapeyrère, ministre de la Marine, est exécuté, c'est en 1915 que nous aurons la première escadre ; à cette date, nous ne compterons cependant que treize navires de plus de 16 000 tonneaux de déplacement, alors que le Japon et les États-Unis en auront quinze, l'Allemagne vingt-six et l'Angleterre quarante-trois ; notre situation sera déjà suffisamment modeste pour que nous nous préoccupions dès à présent de mettre en état nos points d'appui, afin qu'ils puissent recevoir ces grosses unités.

Au moment où le Parlement anglais préconise l'augmentation de la flotte pour répondre à l'effort naval formidable de l'Allemagne, que l'Italie fortifie Brindisi et Abrante dans l'Adriatique, et que l'Autriche procède à la construction de plusieurs *Dreadnought*, notre devoir n'est-il pas de porter toute notre attention sur notre Marine, afin qu'elle puisse assurer la Défense Nationale et relier la France d'Europe à celle d'Afrique ?

Nous avons assisté avec regret, sous prétexte d'entente cordiale, à des arrêts fâcheux dans l'organisation de l'arsenal de Sidi-Abdallah, qui expliquent l'impression ressentie par la délégation de la Commission Parlementaire d'Enquête sur la Marine, lors de sa visite en avril 1909.

Cette délégation présidée par M. l'amiral Bienaimé, dont l'autorité en cette matière est incontestable, a reconnu que cet arsenal avait été admirablement conçu et exécuté, mais que la défense de Bizerte n'était assurée, ni par les unités navales qui y étaient affectées, ni par les services instables qui en ont la responsabilité ; de plus les stocks d'approvisionnements en charbon, en matières premières, en outillage, en vivres et en munitions y sont tellement incomplets que, si les communications avec la Métropole venaient à être suspendues, l'arsenal ne pourrait suffire aux nécessités les plus urgentes. Aussi cette délégation a-t-elle vivement insisté pour que l'arsenal soit mis le plus tôt possible en mesure de rendre effectivement tous les services sur lesquels le pays est en droit de compter, après les sacrifices considérables qu'il s'est imposé.

C'est aussi une des conclusions de M. Paul Bénazet, député rapporteur du budget de la Marine pour 1911, qui demande l'augmentation de notre programme naval et la concentration de nos forces disponibles aux points où notre action militaire est nécessaire et particulièrement à Bizerte, pour assurer la défense de nos possessions d'Afrique.

Nous ajouterons que tous ces sacrifices seraient vains, si le port de commerce ne venait pas coopérer d'une manière active au fonctionnement du port militaire ; cela est si vrai qu'en mars 1909, le Gouvernement a reconnu l'utilité qui s'attachait au point de vue de la Défense Nationale à pouvoir diriger sur le port de Bizerte une partie des minerais de fer de l'Ouenza et du Bou-Kadra afin, disait M. Barthou, ministre des Travaux Publics :

1° De créer et entretenir dans des conditions particulièrement favorables, les considérables approvisionnements indispensables à notre grand arsenal de Bizerte, en fournissant aux navires de commerce qui les apporteront un fret de retour important de minerais de fer;

2° De favoriser la création de hauts fourneaux et d'usines métallurgiques, à proximité de l'arsenal;

3° De réaliser sans charge nouvelle pour le budget de la Défense Nationale, une nouvelle jonction entre les réseaux ferrés algériens et tunisiens.

Nous allons donc, dans les chapitres suivants, examiner ces diverses questions.

CHAPITRE VI

**Nécessité pour la Défense Nationale d'un port de commerce prospère
et de grands dépôts de charbon à Bizerte.**

Notre pays, comme toutes les autres puissances maritimes, a accumulé des
stocks importants de charbon sur certains points stratégiques de ses colonies,
auxquels on a donné le nom de points d'appui de la flotte ; indépendamment de
ces stocks de charbon indispensables en temps de paix comme en temps de guerre,
pour assurer le ravitaillement de nos escadres, ces points d'appui doivent pouvoir
leur fournir les approvisionnements de toutes sortes qui leur sont nécessaires,
ainsi que toutes les facilités pour réparer leurs avaries ; autrement notre flotte de
guerre serait condamnée à l'impuissance ou à la destruction.

Le 10 mai 1891, une décision ministérielle fixait pour nos points d'appui les
stocks de charbon de réserve que nos flottes nécessitent et Bizerte n'était pas
comprise sur cette liste ; depuis on a fixé en 1904, le stock de Bizerte à 70 000
tonnes, mais à l'heure actuelle la moitié à peine existe.

Cet approvisionnement est absolument insuffisant, si l'on considère que lors
de la discussion du budget de la Marine, le Gouvernement a fait connaître son
intention de développer le port de Bizerte et de l'utiliser comme base d'opérations
de l'une de nos deux grandes escadres prévues qui comprendra en 1915, sept gros
cuirassés et six grands croiseurs, soit treize unités, sans compter la flottille des
petits croiseurs et des torpilleurs attachée à Bizerte ; un seul cuirassé ayant besoin
de 2 000 tonnes de charbon pour faire le plein de ses soutes, il en résulte que le
stock existant suffirait à peine pour ravitailler une seule fois cette escadre.

Cette situation à laquelle on peut remédier, dans une certaine mesure, en
temps de paix, entraînerait les plus grands désastres pour notre pays, le jour où
un conflit, toujours possible, l'obligerait à intervenir dans le bassin de la Méditerranée.

Le regretté amiral Ponty, qui a donné toutes ses forces et toute son intelli-
gence à la création de cet admirable arsenal de Bizerte, ayant eu à traiter l'approvisionnement de charbon que devait posséder Bizerte pour les besoins de notre
flotte et des flottes alliées, a formulé son opinion en ces termes :

« Bizerte doit avoir le même approvisionnement que Malte, c'est-à-dire deux
à trois cent mille tonnes de charbon, parce que personne ne sait ce que pourra
durer une guerre navale en Méditerranée ».

Cette opinion n'est pas isolée; c'est aussi celle de plus de quarante amiraux dont l'autorité en la matière ne peut être discutée, lorsqu'il s'agit de personnalités aussi éminentes que les amiraux : Besson, Bienaimé, Brétizel, Brown de Colstoun, de Cuverville, Dieulouard, Duperré, Gervais, Gigon, Godin, Gourdon, Humann, de la Jaille, de la Jonchère, Krantz, de Maigret, Martin, Nabona, de la Noé, Pephau, Rieunier, Touchard, etc.

Mais comment la Marine arrivera-t-elle à constituer l'approvisionnement de 2 à 3 000 tonnes de charbon reconnue indispensable à la vitalité et au fonctionnement du port et de l'arsenal militaires de Bizerte?

Deux manières peuvent être employées : la première consiste dans l'achat direct de cet approvisionnement sur le budget de la Marine; en évaluant le prix de la tonne de charbon à 35 francs rendue à Bizerte sur parcs de la Marine, c'est une dépense de 7 à 10 millions et demi de francs à prévoir; or, ce système présente deux graves inconvénients : d'une part, il immobilise un capital considérable, et d'autre part, le charbon soumis à la température élevée et aux vents qui règnent à Bizerte, perd certainement jusqu'à un tiers de ses qualités calorifiques en une année.

De là nous tirerons cette conclusion que, si le stock de charbon doit être important, il faut également qu'il soit souvent renouvelé, afin que le charbon conserve toutes ses qualités et ne vienne pas diminuer le rendement de nos unités navales, ce qui aurait les plus désastreuses conséquences en cas de guerre.

La deuxième manière, consiste à laisser le soin au commerce local de constituer ce stock de 2 à 300 000 tonnes de charbon; ce moyen offre de très grands avantages sur le premier puisqu'il épargne à l'État une très grosse dépense de premier établissement qui s'augmente d'un intérêt annuel très important, et surtout qu'il permet de renouveler constamment le stock disponible de charbon qui n'a pas le temps ainsi de perdre de ses qualités calorifiques; dès l'ouverture des hostilités, la Marine pourra réquisitionner tous les stocks de charbon existants dans le port de Bizerte.

Mais la création à Bizerte d'un grand port charbonnier est-elle possible?

Il n'y a aucun doute à cet égard, si l'on peut assurer aux navires qui apporteront les charbons destinés à l'approvisionnement des dépôts, un abondant fret de retour en minerais de fer.

Il y a une vingtaine d'années, l'importance du mouvement des charbons dans les ports charbonniers de la Méditerranée, en laissant Port-Saïd de côté était la suivante :

Malte	450 000 tonnes.
Gibraltar	562 000 —
Alger	160 000 —

Aujourd'hui Alger à supplanté Malte et le trafic du charbon dans ces ports s'est modifié comme suit :

Malte	500 000 tonnes.
Gibraltar	150 000 —
Alger	800 000 —

Si les armateurs anglais ont abandonné Gibraltar pour Alger, c'est parce que la situation géographique de ce dernier port est plus avantageuse comme point de ravitaillement et aussi parce qu'Alger est un port commercial.

Il serait facile d'opposer Bizerte à Malte pour les mêmes raisons ; en effet, les navires qui se ravitaillent à Malte trouvent ce port trop à l'est de leur route, alors qu'ils passent forcément en vue de Bizerte qui est à 250 milles à l'ouest de Malte ; d'autre part, le port de Bizerte offre un accès facile et une grande sécurité aux navires qui peuvent y effectuer toutes leurs opérations avec célérité et économie ; situé en outre dans une région très fertile, le port de Bizerte pourra ravitailler facilement et à bas prix les navires en vivres frais, tandis que Malte est un rocher aride, tributaire de la Tunisie pour sa subsistance.

Il est bien évident que malgré tous les avantages qu'offre Bizerte sur Malte, au point de vue du ravitaillement en charbon, en eau potable et en vivres frais, de grands efforts seront à faire et à poursuivre avec persévérance, pour modifier les courants commerciaux établis depuis longue date à Malte et qui ne se déplacent pas d'un jour à l'autre ; on peut cependant compter sur .l'esprit pratique des armateurs pour rompre avec leurs habitudes, si Bizerte peut fournir les charbons de soutes à un prix égal ou inférieur à celui de Malte.

Pour obtenir ce résultat, il suffit de mettre les navires apportant le charbon à Malte en infériorité au point de vue du fret du retour ; la plupart de ces navires allant chercher ce frêt dans la mer Noire, ce qui grève leur voyage d'un long trajet aller et retour, dont une moitié sur lest, et des frais d'entrée d'un deuxième port, consentiraient certainement un fret très réduit pour Bizerte, s'ils étaient assurés de toujours trouver dans ce port un fret de retour en minerais de fer, car les opérations de déchargement du charbon et de chargement des minerais, grâce aux engins puissants et perfectionnés qui seraient utilisés, pourraient se faire dans des conditions exceptionnellement économiques.

Il faut laisser à l'initiative privée le soin de créer de grands dépôts de charbon à Bizerte ; avec l'appui et les encouragements de la Métropole et de la Tunisie, elle saura mener cette tâche à bien.

A l'heure actuelle, une grande Société française : la Société Générale de Houilles et Agglomérés, au capital de 8 millions de francs, est en train d'installer à Bizerte, une usine d'agglomérés qui pourra produire 40 000 tonnes de briquettes par an, quantité suffisante momentanément pour satisfaire aux besoins du port de guerre, des chemins de fer et de l'industrie locale. Cette Société compte également installer un grand dépôt de charbons de Cardiff, d'au moins 30 000 tonnes, qui sera exploité avec les engins mécaniques les plus perfectionnés, afin de réduire au minimum les dépenses de déchargement et de chargement des charbons; ce stock sera constamment renouvelé par les navires qui viendront se ravitailler à Bizerte; mais pour permettre à cette Société, comme à celles qui viendront s'installer par la suite, de lutter victorieusement contre Malte, en vendant le charbon meilleur marché, il faut que les navires qui apporteront le charbon à Bizerte, y trouvent du fret de retour.

Assurer un fret de retour important en minerais de fer, au port de Bizerte, c'est donc donner à ce port la possibilité de devenir un grand port charbonnier fréquenté par les navires qui charbonnent actuellement à Malte; c'est permettre à la Société Générale des Houilles et Agglomérés, de voir sa courageuse initiative couronnée de succès, pour le plus grand profit de la défense nationale; c'est aussi permettre à d'autres initiatives de venir se grouper autour de cette Société, afin de faire du port de commerce un véritable adjuvant du port de guerre; c'est assurer enfin à notre Marine, dans un avenir prochain, un approvisionnement de 2 à 300 000 tonnes de Cardiff et de briquettes, où elle pourra puiser suivant ses besoins en temps de paix et qu'elle pourra réquisitionner en totalité en temps de guerre.

On a objecté contre l'efficacité du fret de retour pour la création de dépôts de charbon importants à Bizerte, que ce fret de retour n'aura aucune influence sur les courants commerciaux, et que cette influence s'exercerait tout aussi bien, si les minerais sortent par Bône, car les navires qui ont apporté du charbon à Bizerte peuvent aller à Bône charger les minerais.

Il est vrai que l'existence d'un fret de retour n'amène pas infailliblement la création d'un courant commercial à l'entrée, mais il n'en est pas moins certain que ce fret de retour est une très grosse facilité donnée aux courants d'entrée qui ont tendance à se produire et qu'il réagit efficacement pour produire un abaissement du fret à l'entrée. C'est donc avec raison que le Gouvernement français, avait estimé, en mars 1909, que la création d'un gros courant de sortie par le port de Bizerte était absolument nécessaire, pour la création d'un courant commercial à l'entrée, indispensable à la vitalité de notre grand port militaire : et c'est précisément parce que le courant à l'entrée ne saurait être égal à celui de la sortie, qu'il faut à Bizerte accentuer fortement le courant de sortie afin d'avoir un courant appréciable à l'entrée.

Ce résultat ne peut évidemment pas être obtenu, si le fret de retour se trouvait à Bône au lieu d'être à Bizerte; en effet le navire qui rentre à Bizerte pour y déposer du charbon et qui est obligé de se rendre à Bône pour chercher du minerai, doit supporter les frais de voyage d'un port à l'autre, double droits de port et une perte de temps sensible pour son entrée et sa sortie supplémentaires ; ces frais supplémentaires et cette perte de temps auraient la plus fâcheuse influence sur le courant commercial qu'on se propose de créer à Bizerte, car quelques centimes par tonne ont leur importance dans des questions de ce genre.

M. Chautemps, qui a étudié à fond cette question, est arrivé à une conclusion identique en disant dans son rapport sur le budget de la Tunisie que :

« Bizerte devait être doublé d'un important port de commerce qui lui permettrait de se ravitailler continuellement en charbon. »

*
* *

Nous avons dit que le Gouvernement avait demandé en mars 1909 à l'Algérie, d'étudier une modification du tracé du chemin de fer Ouenza-Bône direct, permettant de diriger à la fois les minerais de fer de l'Ouenza sur les ports de Bône et de Bizerte, ceux du Bou-Kadra devant être obligatoirement expédiés à Bizerte ; nous avons dit également que devant l'opposition de l'Algérie qui réclame pour le seul port de Bône tous les minerais de fer de l'Ouenza et du Bou-Kadra, le Gouvernement avait renoncé à cette modification, en raison de l'engagement pris par l'Algérie de constituer avec l'aide de ses Compagnies de chemins de fer voisines de la Tunisie, un stock de charbon de 50 000 tonnes, qui sera constamment renouvelé et qui pourra être dirigé sur Bizerte au premier signal.

Cette proposition ne donne aucune satisfaction aux intérêts supérieurs de la Défense Nationale, qui exigent, ainsi que nous l'avons démontré, la création d'un grand port charbonnier à Bizerte, ayant un approvisionnement de 2 à 300 000 tonnes de charbon constamment renouvelé.

L'approvisionnement que l'Algérie serait disposée à tenir à la disposition de notre port militaire de Bizerte, serait constitué de la manière suivante :

1° Un stock de 10 000 tonnes serait conservé sur les quais de Bône ;

2° Un stock de 10 000 tonnes serait conservé en gare de Morsott, petit village situé près de Tébessa et à 203 kilomètres de Bône.

3° En cas de guerre, l'Algérie ferait venir à Bône par mer 30 000 tonnes.

De quelle manière l'Algérie pourra-t-elle tenir cet engagement, le jour où elle sera mise en demeure de l'exécuter ? C'est ce que nous allons examiner.

Jusqu'à ces dernières années, Bône avait une batterie de deux pièces installée sur un vieux fort désigné sous le nom de « fort Cigogne » ; ce fort n'ayant plus aucune valeur militaire a été démoli et aucun ouvrage nouveau ne l'a remplacé, l'autorité militaire ayant déclaré qu'en raison des dispositions du sol, Bône n'était pas utilement défendable ; c'est donc un port ouvert et impossible à défendre, et un simple croiseur embossé à 3 kilomètres pourrait, sans courir aucun risque, l'incendier ainsi que le stock de charbon de 10 000 tonnes destiné à ravitailler le port militaire de Bizerte. Si au lieu d'un seul croiseur, il y avait une escadre ennemie, elle pourrait se ravitailler avec ce stock ; plus on ferait venir de charbon, plus il y aurait de chance qu'il soit brûlé ou capturé. Admettons cependant que le premier stock de 10 000 tonnes de charbon, constitué à Bône, échappe à la destruction où à la capture ; comment l'enverra-t-on à Bizerte ?

Par voie de mer ? Mais il ne faudra pas y songer, car elle sera coupée ou surveillée étroitement par les croiseurs et corsaires ennemis ; ravitailler Bizerte par mer en temps de guerre, serait une opération des plus difficiles et des plus aléatoires.

Par voie de terre ? Mais il n'existera pour transporter ce charbon, même si le Consortium International obtient la concession du chemin de fer à voie étroite et unique Bône-Ouenza, que la seule ligne Bône-Duvivier-Souk-Ahras-Ghardimaou-Djedeida-Bizerte ; or, ce transport grèvera le prix de revient du charbon à Bizerte de frais considérables, car la distance à parcourir atteindra 403 kilomètres sans compter que les profils et courbes de cette ligne entre Medjez-Sfa et Gardimaou, ne permettront de remorquer que des trains comportant un petit nombre de wagons d'un faible tonnage ; il faudrait en outre que la ligne fût libre, ce qui ne se produira certainement pas, car étant la seule reliant l'Algérie à la Tunisie, elle sera, dès les premières menaces de guerre, encombrée par les convois de troupes, de munitions, de vivres, etc..... qui seront immédiatement dirigés sur Bizerte, premier point sur lequel se porteront tous les efforts des flottes ennemies.

On voit donc que le stock de 10 000 tonnes de charbon constitué à Bône par le Consortium International ne pourrait arriver en temps utile à Bizerte, ni par mer, ni par terre pour concourir au ravitaillement de notre flotte.

Pour ce qui est du stock de 10 000 tonnes de charbon à constituer en gare de Morsott, l'Algérie est disposée à construire un chemin de fer à voie étroite allant de Morsott au Slata, qui se trouve en Tunisie ; de ce dernier point le charbon serait expédié à Bizerte. Mais il n'est nullement démontré que le Gouvernement tunisien acceptera de construire à ses frais le prolongement du Slata à la frontière algérienne, avec l'unique perspective de transporter à un moment indéterminé et dans un seul sens 10 000 tonnes de charbon ; en outre le charbon arrivera par cette voie étroite à Tunis-Goulette, où il faudra le transborder sur wagon à voie large et lui faire rebrousser chemin jusqu'à Djedeida pour qu'il arrive enfin à Bizerte.

Dans ces conditions, c'est plusieurs semaines qu'il faudra pour transporter les 10 000 tonnes de charbon de Morsott à Bizerte.

Quant au stock complémentaire de 30 000 tonnes de charbon, que l'Algérie en cas d'hostilités ferait venir à Bône pour les réexpédier de là à Bizerte, ce serait également une erreur profonde de compter sur cette ressource pour Bizerte. En effet, l'Algérie devra prendre ce charbon, soit dans ses ports, soit dans les dépôts de ses chemins de fer ; or, ces derniers étant peu importants et les lignes algériennes ayant besoin de tous leurs approvisionnements pour la marche des trains militaires, il est probable que l'Algérie serait dans la nécessité de faire venir d'Alger, la presque totalité du stock de 30 000 tonnes.

Comment ce charbon arrivera-t-il à Bizerte ? il ne faut pas compter l'expédier à Bône, puis de là à Bizerte, car ainsi que nous l'avons démontré plus haut, cette solution est impossible ; il ne faut pas espérer non plus le transporter par mer d'Alger à Bizerte, car cela supposerait que les escadres ennemies ne viendront pas stationner devant Bizerte, et sillonner la mer entre ce port et Bône, ce qui est inadmissible.

Il reste donc, comme seul moyen de transport de ce charbon d'Alger à Bizerte, la grande ligne ferrée d'Alger-Djedeida-Bizerte. Combien de temps faudra-t-il pour que ce charbon arrive à destination ?

M. Charles Leboucq, qui a pris une part importante aux débats de la Chambre, et qui a défendu la cause de Bizerte avec énergie, à dit à ce sujet :

« Combien de charbon les trains pourront-ils transporter d'Alger à Bizerte dans l'espace d'une journée ? D'après les horaires, on voit qu'il est matériellement impossible qu'il y ait plus de deux trains fonctionnant chaque jour. Chaque train apportant 300 tonnes, il est matériellement impossible de faire parvenir plus de 600 tonnes par jour à Bizerte. Si on veut avoir un approvisionnement de 60 000 tonnes, il faudra plus de trois mois pour le renouveler par la voie de terre. »

De telle sorte, que lorsque la soixante-millième tonne arrivera à Bizerte, les premières tonnes, ou bien auront été brûlées depuis longtemps, ou bien auront depuis longtemps perdu leur puissance calorifique. Et l'on arrive à cette conclusion : si on veut que nos navires soient toujours assurés de trouver à Bizerte les stocks de charbon dont ils ont besoin, il est nécessaire de prévoir, à Bizerte, la création d'un véritable port charbonnier, c'est-à-dire d'une industrie qui renouvelle d'une façon constante l'approvisionnement de charbon.

La combinaison proposée par l'Algérie, pour assurer le ravitaillement en charbon de notre grand port militaire de Bizerte, au moyen de dépôts échelonnés dans les ports et les gares algériennes est inacceptable, car elle est sans précédent ; c'est comme si on voulait alimenter les ports de Toulon et de Cherbourg, avec des dépôts de charbon constitués à Marseille ou Draguignan et à Rouen ou le Havre. Il faut observer aussi que les approvisionnements constitués par la Marine sont composés de briquettes, marchandise non courante dans le commerce, les briquelles que l'Algérie pourrait être appelée à fournir un moment donné, ne seraient pas fraîches et leur pouvoir calorifique en serait considérablement diminué.

D'après l'amiral de Maigret, d'autre part, notre Marine est très heureuse de consommer du charbon en roche, quand l'occasion s'en présente ; c'est le seul du reste que trouvent nos navires à Alexandrie avant de traverser le canal de Suez.

La seule solution rationnelle réside donc dans la création d'usines d'agglomérés et de dépôts de charbons de soutes à Bizerte et, puisque la Société Générale de Houilles et Agglomérés vient d'en prendre l'initiative, il faut l'encourager ainsi que les sociétés similaires qui s'installeront ultérieurement, en développant le port de commerce de telle sorte qu'il puisse toujours offrir un fret de retour important aux navires qui le fréquenteront.

Les sentiments patriotiques de l'Algérie l'ont amenée à accepter, dans l'intérêt supérieur de la Défense Nationale, de prendre à sa charge les dépenses relatives à l'approvisionnement de Bizerte en charbon, et il faut lui en savoir gré ; nous avons démontré que la combinaison proposée aurait pour effet, si elle était praticable, de tripler le prix de revient du charbon à Bizerte et qu'en fait elle était irréalisable.

Verrons-nous cette anomalie : Bizerte, port de guerre, réapprovisionné par Bône, port ouvert et base d'opérations pour l'ennemi ?

Non, le Parlement ne ratifiera pas une solution semblable, et il accordera une partie des minerais de fer de l'Ouenza et du Bou-Kadra à Bizerte, afin d'y créer tout à la fois, un port de commerce prospère et un grand port charbonnier.

CHAPITRE VII

Nécessité pour la défense nationale de la création à proximité de l'arsenal
de Bizerte de hauts fourneaux et d'usines métallurgiques.

Il faut beaucoup de minerais de fer à Bizerte ; les intérêts de la Défense
Nationale exigent non seulement, comme nous l'avons vu dans le chapitre précédent, la création à Bizerte d'un port de commerce prospère doublé d'un grand
port charbonnier, mais aussi l'installation à proximité de l'arsenal de hauts
fourneaux et d'usines métallurgiques qui produiront les fontes, les fers, les aciers
nécessaires à la confection des projectiles et à la réparation des navires.

Et à ce sujet. M. Barthou, Ministre des Travaux Publics disait :

« Les hauts fourneaux et les usines métallurgiques dont il n'est pas interdit
d'envisager la création à Bizerte, si ce port devient le point de passage d'un trafic
important de minerais de fer, ne seraient point sans renforcer d'une manière
certaine sa puissance militaire. »

Il y a lieu de prévoir, en effet, que dès le début des hostilités dans la Méditerranée, les communications entre la Métropole et le nord de l'Afrique, seront
ou très difficiles ou complètement interrompues ; les officiers supérieurs des armées
de terre et de mer, qui président aux destinées militaires de notre pays, se sont
toujours vivement préoccupés de cette situation, en pensant qu'il serait possible
d'y remédier, si les usines du Creusot ou d'autres installaient aux environs de
Bizerte des hauts fourneaux et des usines métallurgiques, pour la fabrication
d'armes et de munitions de guerre, qui concourraient de la manière la plus efficace à la défense de notre Afrique du Nord.

Déjà en décembre 1900, le Ministre de la Guerre exprimait à la tribune, son
désir de voir l'Afrique du Nord dotée d'un établissement métallurgique, lui permettant de se suffire en temps de guerre.

Or, à l'heure actuelle, l'adduction au port de Bizerte d'une partie des héma-
tites pures de l'Ouenza et du Bou-Kadra rendrait possible la réalisation de ces
installations.

Rien ne s'oppose, en effet, à la création de hauts fourneaux à Bizerte et l'on
ne peut objecter sérieusement l'essai fait par le Creusot à Cette, dont l'insuccès
est dû à des questions de main-d'œuvre, si délicates en France, mais si faciles en
Tunisie, et aussi à des causes fortuites ; l'idée de créer des hauts fourneaux au
bord de la mer est rationnelle, car elle évite les transports coûteux par terre,

aussi bien des cokes et charbons que des matières finies, mais à Cette, le Creusot n'avait à proximité ni combustible, ni minerai.

Il en serait tout autrement à Bizerte où l'on est sur le minerai même, dont il faut deux tonnes pour une de coke, et si le port de commerce assure le fret de retour aux navires, on pourra se procurer facilement et à bas prix le coke nécessaire à la marche des hauts fourneaux, ou bien le fabriquer au pied des hauts fourneaux avec des menus que le port charbonnier fournira à bon marché ; cette dernière solution paraît la meilleure, car les produits de la combustion des fours à coke serviront ainsi à actionner les moteurs à gaz, qui font marcher les machines soufflantes des hauts fourneaux ; l'utilisation des sous-produits, goudrons et autres dérivés de la houille, donnerait en outre naissance à Bizerte à une industrie nouvelle.

L'installation de hauts fourneaux à proximité de l'arsenal de Sidi-Abdallah, serait d'autant plus précieuse qu'elle provoquerait en même temps celle d'usines métallurgiques pour la transformation de la fonte en fer et acier, et pour la fabrication des canons, plaques de blindage, obus, rails, tôles, fers profilés, etc., nécessaires à la Marine et à la Guerre à Bizerte ; un minerai riche et pur comme celui de l'Ouenza, dont nous ne trouvons de similaire, et en petite quantité, que dans les Pyrénées-Orientales, convient admirablement pour cet emploi, car les immenses réserves de minerais de fer que nous possédons dans l'Est sont phosphoreux et à basse teneur, c'est-à-dire très ordinaires.

Nous devons donc utiliser nous-mêmes et directement la matière première que nous offrent les riches gisements de l'Ouenza, et la transformer à Bizerte même, pour la confection de notre outillage national ce qui n'empêche pas de satisfaire aux demandes de l'étranger, et ainsi nous resterons maîtres de l'expédition et de l'utilisation de cette matière première.

C'est alors seulement que Bizerte remplira entièrement le rôle qui lui est assigné dans l'avenir, car elle pourra vivre avec ses propres ressources ; l'intérêt de la Métropole et de toute l'Afrique du Nord s'y trouve engagé.

La création de hauts fourneaux à Bizerte constituerait d'ailleurs, au point de vue financier proprement dit, une affaire très avantageuse, si l'on peut arriver à amortir assez rapidement le capital engagé ; or, pour effectuer cet amortissement, dans de bonnes conditions, il suffit d'assurer à ces hauts fourneaux les quantités de minerais de fer suffisantes et pour une certaine durée, ce que la richesse des gisements de minerais de fer de la région de l'Ouenza permet.

Si l'on réfléchit d'autre part à l'approvisionnement considérable de coke, menus, outillages, fontes, fers, aciers, sur lequel la Marine et la Guerre auront le droit de réquisition en cas de guerre, on a la claire vision des puissantes ressources que Bizerte pourrait offrir à notre Défense Nationale.

L'occasion de créer un deuxième Creusot dans la France de l'Afrique du

Nord ne se représentera plus jamais. Au Parlement de dire s'il faut la laisser échapper sous ce prétexte mesquin, que les minerais de l'Ouenza étant en Algérie à quelques kilomètres de la frontière tunisienne, ne pourront sortir que par le seul port de Bône.

Nous mettons toute notre confiance dans le patriotisme éclairé du Parlement, pour sauvegarder sur ce point les intérêts supérieurs de la Défense Nationale.

*
* *

On a dit au cours des derniers débats à la Chambre, en se basant sur un rapport de M. Cochery, ministre des Finances, que la Tunisie avait des quantités de minerais suffisantes pour alimenter le port de Bizerte, auquel on pourrait donner un tonnage de 1 100 000 tonnes de minerais de fer par an provenant des mines des Nefzas, de Nebeur, du Slata et de l'Haméima, etc.

Cette assertion des représentants de l'Algérie aurait une valeur dont nous ne méconnaissons pas l'importance si elle était exacte, mais il n'en est rien.

Le rapport de M. Cochery, sur le budget de la Tunisie, si remarquable en tous points, contient néanmoins, et c'était inévitable, quelques inexactitudes de chiffres ; il indique notamment pour Bizerte, les minerais de fer du Slata et de l'Haméina (200 000 tonnes) qui sont par contrats spéciaux destinés au port de Tunis ; en outre, les minerais de fer des Nefzas sont portés pour un tonnage de 300 000 tonnes, alors que la Compagnie du Mokta-el-Hadid ne s'est engagée que pour 100 000 tonnes la première année et 150 000 tonnes chacune des années ultérieures, et qu'elle prévoit, dès à présent, ne pouvoir dépasser ce tonnage ; en rectifiant ces erreurs, le chiffre de 1 100 000 tonnes se réduit déjà à 750 000 tonnes.

En réalité le tonnage réel sur lequel le port de Bizerte peut compter lorsque les lignes de Nefzas et de Nébeur seront mises en exploitation, n'est que de 400 000 tonnes se décomposant comme suit :

Minerais de fer des Nefzas, après la première année. . . .   150 000 tonnes.
Minerais de fer de Nebeur. . . . . , ...   200 000   —
Minerais de fer du Chouchet-el-Douaria (aucune convention
    n'existe encore, soit avec le Gouvernement tunisien,
    soit avec le port de Bizerte). . . . .   mémoire.

Total . . . .   350 000 tonnes.

auxquelles on peut ajouter . . . .   50 000 tonnes.

ce qui donne un tonnage total de . . . .   400 000 tonnes.

bien inférieur à celui de 1 100 000 tonnes indiqué par les représentants de l'Algérie.

Nous avons dit que les minerais de fer exportés par le port de Tunis, ne peuvent être dirigés sur Bizerte, en raison des contrats qui lient ces sociétés minières avec le port de Tunis ; ces engagements ne peuvent être rompus, car des dommages considérables en résulteraient pour toutes les parties intéressées : Sociétés minières, port de Tunis et Compagnies de chemin de fer ; il ne faut pas oublier, en effet, que les chemins de fer à voie d'un mètre qui ont été construits exclusivement pour desservir ces mines ne subsistent que par ce trafic, et que les dépenses des installations faites, au port de Tunis, tant par la Compagnie concessionnaire du port que par les Sociétés minières, seraient perdues.

Serait-il équitable dans ces conditions d'imposer au Gouvernement tunisien de bouleverser entièrement l'exploitation de ses mines pour en diriger les minerais sur Bizerte au lieu de Tunis ? Assurément non, surtout si l'on prend en considération les sacrifices que le Gouvernement tunisien s'est imposé, sans aucun profit direct et personnel pour lui, en participant pour des sommes énormes dans les dépenses de construction du port de Bizerte ; ce port ayant été décidé et entrepris par la Métropole, c'est à cette dernière seule qu'incombe le soin d'en assurer la vitalité et la défense.

Mais il est une raison majeure qui rend inutile le détournement de Tunis sur Bizerte des minerais de fer du Djérissa, du Slata et de l'Haméima, représentant un tonnage d'environ 600 000 tonnes ; c'est la qualité inférieure de ces minerais de fer, comme teneur et comme pureté.

Ce n'est pas avec ces minerais quel'on pourra alimenter les hauts fourneaux à créer à proximité de notre port militaire de Bizerte, car les fontes qu'ils produiraient seraient impropre à la fabrication des canons, des plaques de blindage, des obus, etc. Les minerais de l'Ouenza et du Bou-Kadra, au contraire, d'une teneur de 55 0/0 et d'une pureté exceptionnelle, conviendront parfaitement à cette fabrication spéciale : c'est pourquoi une partie de ces minerais doit être dirigée sur Bizerte, dans l'intérêt de la Marine et de la Guerre, qui se partagent la lourde responsabilité de notre Défense Nationale.

D'ailleurs, l'Algérie ne contribue en aucune façon aux dépenses militaires pour lesquelles la Métropole s'impose tous les ans un sacrifice de 80 millions de francs, alors que les autres colonies y participent, l'Indo-Chine notamment pour 14 millions ; il serait donc équitable et très légitime d'astreindre notre grande colonie africaine à coopérer à la consolidation de notre point d'appui de Bizerte, si important au point de vue de notre domination sur la Méditerranée ; c'est, en somme, une participation en nature au lieu d'une participation en espèces que fournirait l'Algérie.

Le Parlement a le droit incontestable d'envisager cette participation, car il lui appartient d'arrêter, au mieux des intérêts généraux de notre pays, les mesures propres à assurer la Défense Nationale, et il ne saurait admettre que ses prérogatives, à cet égard, soient discutées un seul instant.

CHAPITRE VIII

Considérations stratégiques sur les Chemins de fer Algériens
et Tunisiens.

La longueur totale des chemins de fer algériens est de 3 221 kilomètres et celle des chemins de fer tunisiens de 1 989 kilomètres ; ces deux réseaux comportent des lignes à voie normale de $1^m,45$ et d'autres à voie de 1 mètre.

On peut regretter qu'au point de vue stratégique, on n'ait pas adopté, pour l'établissement de toutes ces voies, une largeur uniforme de $1^m,45$, permettant de raccorder les lignes algériennes aux lignes tunisiennes, en vue du transport sans transbordement des troupes et du matériel de guerre d'Algérie en Tunisie et *vice versa* ; actuellement, une seule ligne à voie large, celle de la Medjerda, relie l'Algérie à la Tunisie.

Il est encore possible de remédier à cet inconvénient, et c'est une des raisons pour lesquelles nous sommes opposé à la construction du chemin de fer à voie de 1 mètre et unique de l'Ouenza-Bône direct, parallèle à la ligne existante de Tébessa à Bône, et que nous avons préconisé l'exportationdes minerais de fer de l'Ouenza et du Bou-Kadra par cette dernière ligne à voie large, après modification et construction du raccordement de Clairefontaine à l'Ouenza, ainsi que par la ligne également à voie large Ouenza-Nébeur-Bizerte.

Quand, en outre, l'Ouenza sera raccordé à la ligne de Kaala-es-Senam à Tunis, à celle d'Aïn-Beïda-Philippeville et à celle de Sousse à Henchir-Sonatir, il deviendra le point de jonction de cinq grandes lignes aboutissant aux ports de Tunis, Bizerte, Bône, Philippeville, Sousse, et deviendra, pour la défense de notre empire africain, un point stratégique de premier ordre, offrant certaine analogie avec ce que fut, dans la même région, Lambessa, du temps des Romains.

L'Ouenza sera un grand centre d'approvisionnement de notre armée, hors de portée des troupes ennemies qui pourraient débarquer sur un point de la côte tunisienne ou algérienne.

CONCLUSIONS GÉNÉRALES

§ I. — Amodiation de la minière du Djebel-Ouenza.

Il est incontestable que l'Algérie ne peut laisser improductifs les riches gisements de fer de l'Ouenza, qui doivent être amodiés, soit au Consortium International d'usines métallurgiques, soit à une Société exclusivement française, ce qui serait bien préférable et parfaitement possible. Mais, dans un cas comme dans l'autre, on devra tenir compte des desiderata exprimés par le Parlement, tant au point de vue de la protection ouvrière, que de la participation de l'Algérie dans les bénéfices de la minière, au delà d'une certaine rémunération du capital.

En cas de désaccord avec le Consortium International, le Gouvernement de l'Algérie aura toute liberté alors d'amodier la minière de l'Ouenza à une Société exclusivement française, ou de mettre cette amodiation en adjudication suivant un programme élaboré d'avance, ainsi qu'il se propose de le faire pour les phosphates du Djebel-Onk, situés au sud de l'Ouenza.

§ II. — Chemin de fer Ouenza-Bône.

Pour sauvegarder les intérêts supérieurs de la Défense Nationale, il est de toute nécessité qu'à côté de notre grand port militaire de Bizerte existe un port de commerce prospère, avec des usines à agglomérés, des dépôts importants de charbon pour le ravitaillement des navires, des hauts fourneaux et des usines métallurgiques : c'est là une condition essentielle à la vitalité du port et de l'arsenal militaires de Bizerte, pour lesquels la France à déjà dépensé 150 millions.

Les minerais de l'Ouenza et du Bou-Kadra devront donc être dirigés partie sur Bizerte, au moyen de la ligne à voie large Ouenza-Nébeur-Bizerte, partie sur Bône, par la voie large qu'adoptera le Parlement.

TABLE DES MATIÈRES

COMPARAISON ENTRE LES CHEMINS DE FER PROJETÉS BONE-OUENZA ET BIZERTE-OUENZA

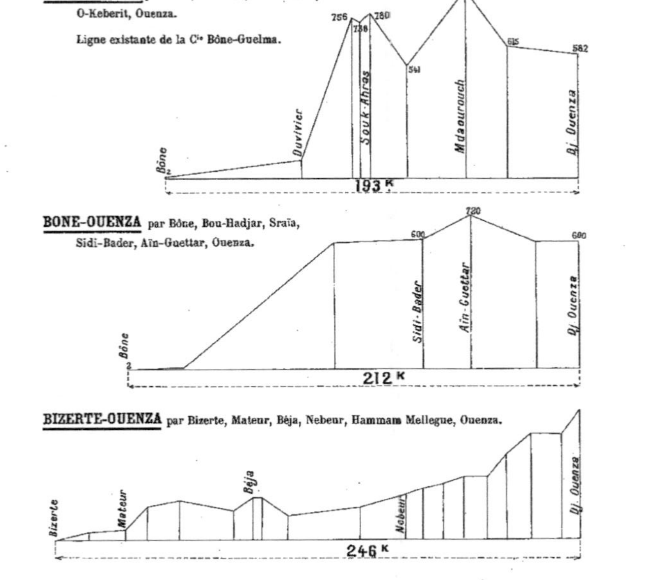

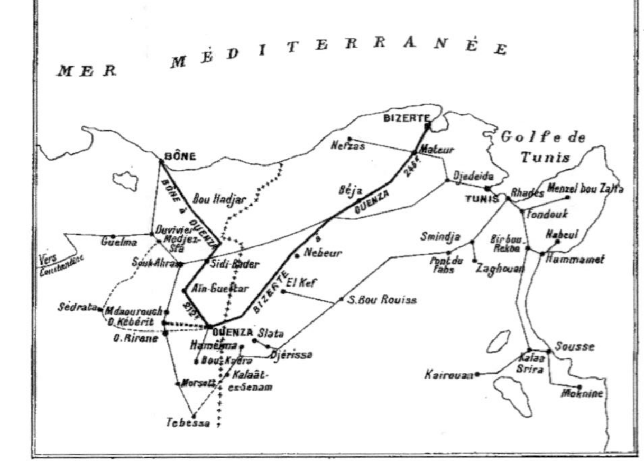

*La comparaison des profils montre que la ligne **Ouenza-Bizerte** est en pente douce vers la mer et qu'elle comporte des rampes et pentes qui ne sont pas supérieures à celles de la ligne projetée **Ouenza-Bône**, mais sont par contre beaucoup plus courtes.*

CHIFFRES EXTRAITS
du Rapport de M. Cochery
fait au nom de la Commission du Budget 1908
sur l'Algérie et la Tunisie.

CHIFFRES RECTIFICATIFS
conformes aux Contrats passés
entre le Gouvernement tunisien
et les Cies concessionnaires.

	Prévisions d'exploitation annuelle.			
Minerais de fer :	Tonnes.		Tonnes.	
Nefzas	300.000		150.000	
Nebeur	200.000	700.000ᵀ pour Bizerte.	200.000	350.000ᵀ pour Bizerte.
Slata et Hameima	200.000		200.000	
Djerissa	400.000		400.000	
	1.100.000		950.000	
		800.000ᵀ pour Tunis et La Goulette.		1.000.000ᵀ pour Tunis et La Goulette.
Phosphates :				
Kalaa Djerda	220.000		220.000	
Kalaat es Senam	180.000		180.000	
	400.000		400.000	
		1.500.000ᵀ		1.350.000ᵀ

Nota. — La Compagnie du Mockta-el-Hadid ne s'est engagée à exporter annuellement que 150.000 tonnes et non 300.000 tonnes.

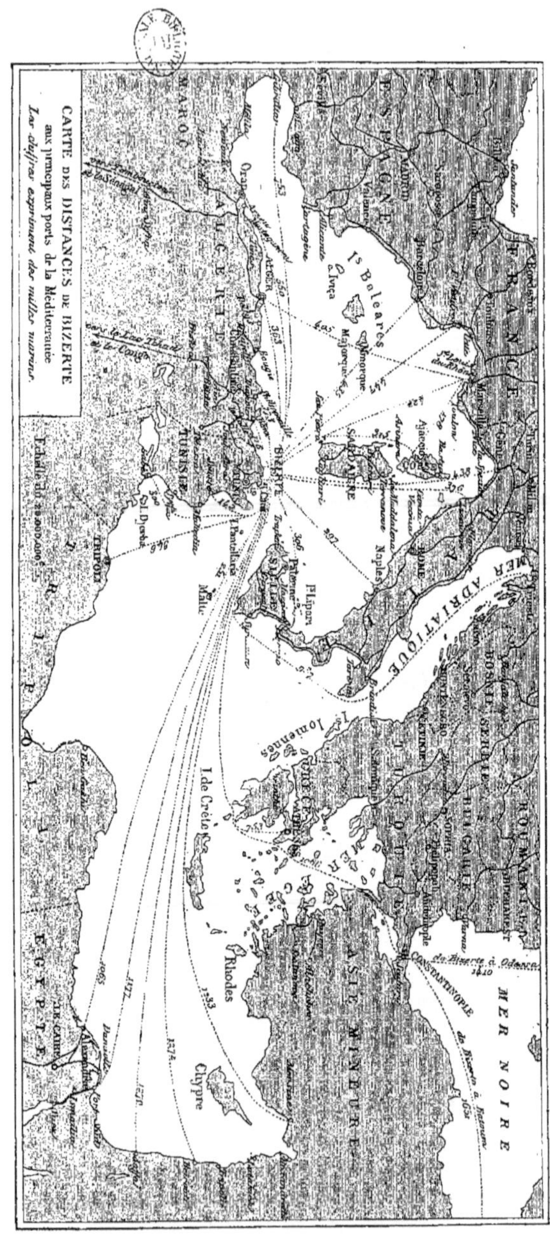

BASSIN DE LA MÉDITERRANÉE

LE LAC DE BIZERTE

d'après les travaux de M. le Capitaine de frégate MORIER et ceux, plus récents, du Service Hydrographique de la Marine, du Service Géographique de l'Armée (1903).

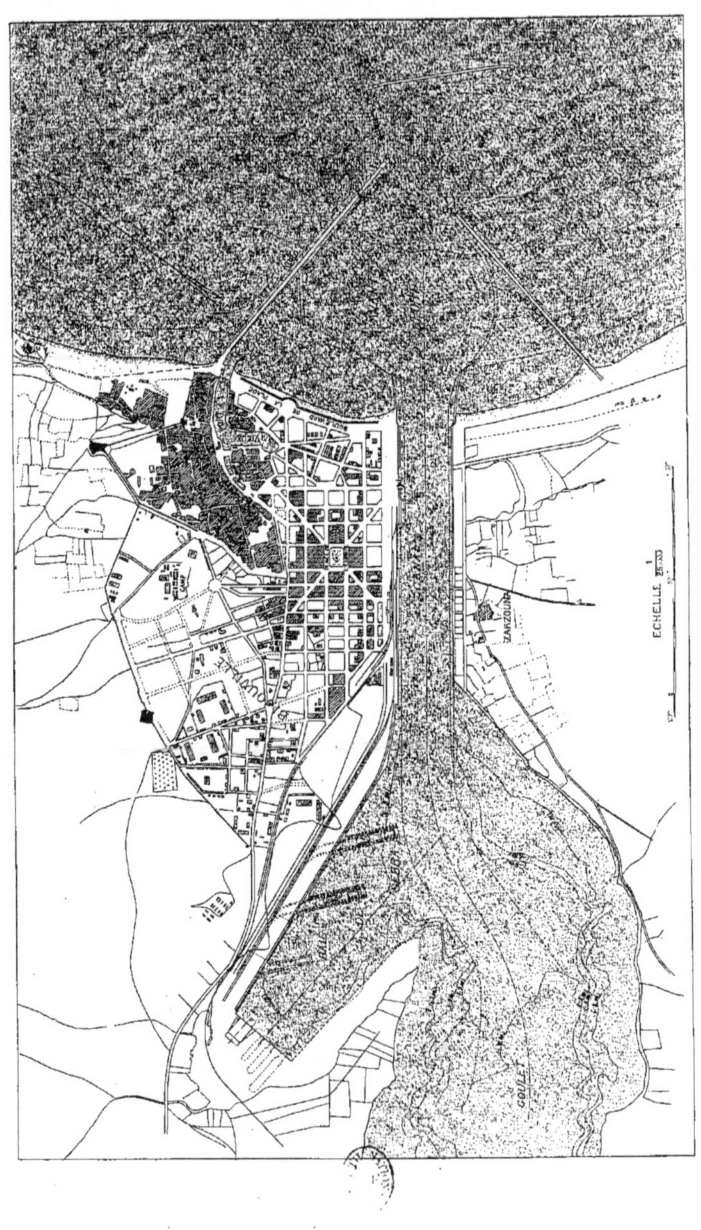

PLAN DE BIZERTE

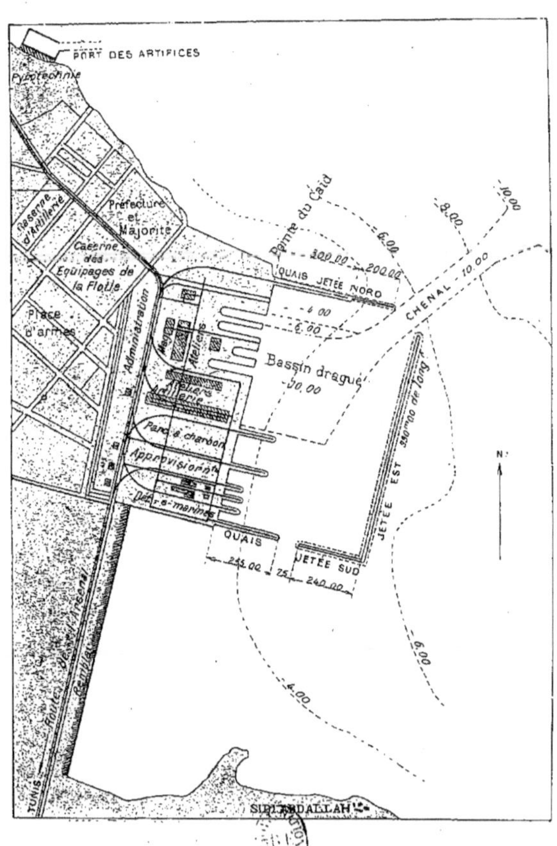
PORT DES ARTIFICES
Pyrotechnie
Caserne d'Artillerie
Préfecture et Majorité
Caserne des Équipages de la Flotte
Place d'armes
Administration
Ateliers
Chaudronnerie
Parc à charbon
Approvision.nt
Dépôts-a-marines
Pointe du Caïd
QUAIS JETÉE NORD
Bassin dragué
10.00
CHENAL
JETÉE EST 580m00 de long
QUAIS
JETÉE SUD
Routes. Tunis. Métallr. Arsenal
TUNIS
SIDI-ABDALLAH